最新法律文件解读丛书

刑事法律文件解读

XINGSHI FALÜ WENJIAN JIEDU

最新法律文件解读丛书编选组　编

总第 181 辑　2020.07

人民法院出版社

图书在版编目(CIP)数据

刑事法律文件解读. 总第181辑 / 最新法律文件解读丛书编选组编. --北京:人民法院出版社,2020. 9
(最新法律文件解读丛书)
ISBN 978-7-5109-2947-2

Ⅰ. ①刑… Ⅱ. ①最… Ⅲ. ①刑法-法律解释-中国 ②刑事诉讼法-法律解释-中国 Ⅳ. ①D924. 05 ②D925. 205

中国版本图书馆CIP数据核字(2020)第186052号

刑事法律文件解读·总第181辑
最新法律文件解读丛书编选组 编

责任编辑 路建华 **执行编辑** 杨晓燕
出版发行 人民法院出版社
地　　址 北京市东城区东交民巷27号 邮编 100745
电　　话 (010)67550508(责任编辑) 67550558(发行部查询)
65223677(读者服务部)
客服QQ 2092078039
网　　址 http://www.courtbook.com.cn
E-mail courtbook@sina.com
印　　刷 三河市国英印务有限公司
经　　销 新华书店
开　　本 787毫米×1092毫米 1/16
字　　数 123千字
印　　张 8
版　　次 2020年9月第1版 2020年9月第1次印刷
书　　号 ISBN 978-7-5109-2947-2
定　　价 22.00元

卷首语

本辑重点收录了最高人民法院、最高人民检察院、公安部联合制定的《关于刑事案件涉扶贫领域财物依法快速返还的若干规定》(以下简称《规定》)。《规定》旨在服务巩固脱贫攻坚战战果，推进开展并有效规范刑事案件涉扶贫领域财物依法快速返还工作，有利于进一步保障权益被侵害的个人、单位或组织的合法权益，提高扶贫资金使用效能，促进国家惠民利民政策落实。同时，还收录了最高人民法院印发的《关于统一法律适用加强类案检索的指导意见（试行)》，为法官正确裁判案件提供必要参考。

本辑收录了最高人民检察院发布的第二十批、第二十一批指导性案例等司法指导性文件，以及《司法部关于印发〈物证类司法鉴定执业分类规定〉〈声像资料司法鉴定执业分类规定〉的通知》《关于办理电信网络诈骗犯罪案件若干问题的解答》等业务文件。此外，本辑刊载了黄某勇滥用职权、受贿案案例评析，以飨读者。

《最新法律文件解读》丛书
编　辑　部

兰丽专　（010）67550626

丁丽娜　（010）67550608

张　奎　（010）67550673

路建华　（010）67550660

杨晓燕　（010）67550508

执行编辑　杨晓燕

邮　　箱　5184621@ qq. com

目录

法律、法律性文件与解读

司法解释、司法指导性文件与解读

部门规章、部门规章性文件与解读

地方司法业务文件

指导性案例

司法实务问题研究

新类型疑难案例选评

法律、法律性文件与解读

全国人民代表大会常务委员会
关于全面禁止非法野生动物交易、革除滥食野生动物陋习、切实保障人民群众生命健康安全的决定

（2020 年 2 月 24 日第十三届全国人民代表大会常务委员会第十六次会议通过）

为了全面禁止和惩治非法野生动物交易行为，革除滥食野生动物的陋习，维护生物安全和生态安全，有效防范重大公共卫生风险，切实保障人民群众生命健康安全，加强生态文明建设，促进人与自然和谐共生，全国人民代表大会常务委员会作出如下决定：

一、凡《中华人民共和国野生动物保护法》和其他有关法律禁止猎捕、交易、运输、食用野生动物的，必须严格禁止。

对违反前款规定的行为，在现行法律规定基础上加重处罚。

二、全面禁止食用国家保护的“有重要生态、科学、社会价值的陆生野生动物”以及其他陆生野生动物，包括人工繁育、人工饲养的陆生野生动物。

全面禁止以食用为目的猎捕、交易、运输在野外环境自然生长繁殖的陆生野生动物。

对违反前两款规定的行为，参照适用现行法律有关规定处罚。

三、列入畜禽遗传资源目录的动物，属于家畜家禽，适用《中华人民共和国畜牧法》的规定。

国务院畜牧兽医行政主管部门依法制定并公布畜禽遗传资源目录。

四、因科研、药用、展示等特殊情况，需要对野生动物进行非食用性利用的，应当按照国家有关规定实行严格审批和检疫检验。

国务院及其有关主管部门应当及时制定、完善野生动物非食用性利用的审批和检疫检验等规定，并严格执行。

五、各级人民政府和人民团体、社会组织、学校、新闻媒体等社会各方面，都应当积极开展生态环境保护和公共卫生安全的宣传教育和引导，全社会成员要自觉增强生态保护和公共卫生安全意识，移风易俗，革除滥食野生动物陋习，养成科学健康文明的生活方式。

六、各级人民政府及其有关部门应当健全执法管理体制，明确执法责任主体，落实执法管理责任，加强协调配合，加大监督检查和责任追究力度，严格查处违反本决定和有关法律法规的行为；对违法经营场所和违法经营者，依法予以取缔或者查封、关闭。

七、国务院及其有关部门和省、自治区、直辖市应当依据本决定和有关法律，制定、调整相关名录和配套规定。

国务院和地方人民政府应当采取必要措施，为本决定的实施提供相应保障。有关地方人民政府应当支持、指导、帮助受影响的农户调整、转变生产经营活动，根据实际情况给予一定补偿。

八、本决定自公布之日起施行。

全面禁食野生动物要把握好哪些界限

——全国人大常委会法制工作委员会有关部门负责人答记者问

一、全国人大常委会此时出台《关于全面禁止非法野生动物交易、革除滥食野生动物陋习、切实保障人民群众生命健康安全的决定》（以下简称《决定》）的主要考虑和重要意义是什么？

答：疫情发生以来，对滥食野生动物的突出问题及对公共卫生安全构成的重大隐患，社会各界广泛关注。党中央高度重视，习近平总书记多次作出重要指示。

经研究，全面修订野生动物保护法需要一个过程，在疫情防控的关键时刻，由全国人大常委会尽快通过一个专门决定，既十分必要，又十分紧迫。

全国人大常委会出台一个专门决定，能够聚焦滥食野生动物的突出问题，在相关法律修改之前，先及时明确全面禁止食用野生动物，严厉打击非法野生动物交易，为打赢疫情阻击战、保障人民群众生命健康安全提供有力的立法保障。同时，出台一个专门决定，对于提高全体社会成员的生态保护和公共卫生安全意识，革除滥食野生动物陋习，推动生态文明建设，促进人与自然和谐共生，也具有重要意义。

二、《决定》对全面禁止食用野生动物是如何规定的？

答：《决定》在野生动物保护法的基础上，以全面禁止食用野生动物为导

向，扩大法律调整范围，确立了全面禁止食用野生动物的制度，从源头上防范和控制重大公共卫生安全风险

第一，强调凡野生动物保护法和其他有关法律明确禁止食用野生动物的，必须严格禁止。

第二，全面禁止食用国家保护的“有重要生态、科学、社会价值的陆生野生动物”以及其他陆生野生动物，包括人工繁育、人工饲养的陆生野生动物。

第三，对违反现行法律规定的，在现行法律基础上加重处罚；对本决定增加的违法行为，参照适用现行法律有关规定处罚，以体现更加严格的管理和严厉打击。

三、全面禁食野生动物需要注意把握好哪些界限？

答：第一，捕捞鱼类等天然渔业资源是一种重要的农业生产方式，也是国际通行做法，渔业法等已对此作了规范，根据各方面的一致意见，按照《决定》的有关规定，鱼类等水生野生动物不列入禁食范围。

第二，比较常见的家畜家禽（如猪、牛、羊、鸡、鸭、鹅等），是主要供食用的动物，依照畜牧法、动物防疫法等法律法规管理。还有一些动物（如兔、鸽等）的人工养殖利用时间长、技术成熟，人民群众已广泛接受，所形成的产值、从业人员具有一定规模，有些在脱贫攻坚中发挥着重要作用。按照《决定》的规定，这些列入畜牧法规定的“畜禽遗传资源目录”的动物，也属于家畜家禽，对其养殖利用包括食用等，适用畜牧法的规定进行管理，并进行严格检疫。国务院畜牧兽医行政主管部门依法制定并公布畜禽遗传资源目录，家畜家禽的具体范围按照国家公布的目录执行。

第三，按照野生动物保护法、中医药法、实验动物管理条例、城市动物园管理规定等法律法规和国家有关规定，因科研、药用、展示等特殊情况，可以对野生动物进行非食用性利用。同时，应当按照国家有关规定实行严格审批和检疫检验制度。对非食用性利用野生动物，《决定》要求国务院及其有关主管部门及时制定、完善相关审批和检疫检验规定，加强审批和检疫检验管理。

四、《决定》对全面禁止非法野生动物交易作了哪些规定?

答:《决定》作了如下明确规定:一是强调凡野生动物保护法和其他有关法律明确禁止猎捕、交易、运输野生动物的,必须严格禁止;二是与全面禁止食用野生动物的规定相一致,全面禁止以食用为目的的猎捕、交易、运输在野外环境自然生长繁殖的陆生野生动物的行为;三是规定严格的法律责任,加大执法力度。

五、政府及其有关部门在贯彻实施《决定》方面应做好哪些工作?

答:全国人大常委会通过的这个决定,属于有关法律问题的决定,具有法律效力。

各级人民政府及其有关部门应当采取必要措施,保证本决定有效实施。一是组织动员社会各方面,广泛宣传、正确理解《决定》出台的重要意义和主要内容,大力普及生态环境保护、公共卫生法律法规和科学知识,为《决定》的贯彻实施创造良好环境。二是依据《决定》和有关法律,制定、调整相关名录和配套规定,细化落实《决定》的各项要求。三是本决定的出台实施,可能会给部分饲养动物的农户带来一些经济损失,有关地方人民政府应当支持、指导、帮助受影响的农户调整、转变生产经营活动,根据实际情况给予一定补偿。四是健全执法管理体制,明确执法责任主体,落实执法管理责任,加强协调配合,加大监督检查和责任追究力度,严格查处违反《决定》和有关法律法规的行为;对违法经营场所和违法经营者,依法予以取缔或者查封、关闭。

还需要强调的是,解决滥食野生动物问题,既要依法严厉打击,又需要各方面共同努力,必须坚持依法治国和以德治国相结合。全体社会成员都要自觉增强生态保护和公共卫生安全意识,移风易俗,革除滥食野生动物陋习,养成科学健康文明的生活方式。

六、全国人大常委会法工委对下一步相关立法修法工作有哪些考虑?

答:下一步,我们要抓紧全面梳理现行有关法律规定,统筹开展相关立法修法工作。初步考虑有以下几个方面：

一是修改野生动物保护法，拟将这一修法项目列入十三届全国人大常委会2020年度立法工作计划。

二是修改动物防疫法，这一修法项目已经列入十三届全国人大常委会2020年度立法工作计划，由全国人大农业农村委牵头起草，预计近期可能提请全国人大常委会审议。

三是积极推进生物安全法草案审议和修改完善工作，生物安全法草案已经2019年10月十三届全国人大常委会第十四次会议初审，今年需要加快工作进程。

四是全面梳理有关法律规定，认真评估传染病防治法等法律的修改完善，认真研究健全国家公共卫生应急管理体系相关立法修法问题，适时启动有关立法修法工作。

循法而行　渐臻文明

——对检察机关野生动物保护公益诉讼典型案例的解读

张雪樵*

野生动物保护是检察公益诉讼在生态环境和资源保护领域的重要内容。近年来，各地检察机关办理了一批野生动物保护领域的公益诉讼典型案件，积累了一定的办案经验。2020年2月24日，十三届全国人大常委会第十六次会议通过了《关于全面禁止非法野生动物交易、革除滥食野生动物陋习、切实保

* 作者单位：最高人民检察院。

障人民群众生命健康安全的决定》（以下简称《决定》），为继续深入推进野生动物保护公益诉讼提供了新的契机。为认真贯彻落实《决定》精神，指导各地办理相关领域案件，积极回应人民群众新期待，最高人民检察院从各地检察机关近年来办理的野生动物保护公益诉讼案例中筛选出6起典型案例正式发布。各级检察机关要认真学习全国人大常委会的《决定》精神，深入总结野生动物保护公益诉讼案件的办理经验，准确把握案件的特点规律，切实加大办案力度，不断完善野生动物司法保护机制和生物安全国家治理体系。

一、准确把握陆生野生动物保护领域公益诉讼的法律要求

近年来，随着我国经济社会不断发展，生态文明思想不断深入人心，人民群众对野生动物保护问题愈发关注。全国人大常委会于2020年2月初部署启动野生动物保护法的修改工作，2月24日通过了《决定》，明确对野生动物保护法及其他现有法律禁止的侵害野生动物的行为要加重处罚，同时对国家保护的“有重要生态、科学、社会价值的陆生野生动物”以及其他陆生野生动物（包括人工繁育、人工饲养）规定了全面禁食的保护原则，极大地拓宽了野生动物保护的范围，加大了保护力度。检察机关要准确把握野生动物保护领域的新趋势、新变化。

一是从阶梯性的保护到全覆盖。从原有的主要对“珍贵、濒危的陆生、水生野生动物和有重要生态、科学、社会价值的陆生野生动物”进行保护，即以野生动物的珍贵稀缺程度或者保护等级、名录作为确定保护范围的主要原则，到对全部陆生野生动物的全面保护原则。野生动物保护法明确保护的野生动物范围是珍贵、濒危的陆生、水生野生动物和有重要生态、科学、社会价值的陆生野生动物，对属于保护范围的野生动物实行分类分级保护的原则：对珍贵、濒危的野生动物实行重点保护。从保护的物种数量上看，野生动物保护法将1737种野生动物纳入保护范围，包括：256种国家重点保护野生动物，也作为一级保护野生动物、二级保护野生动物；1481种有重要生态、科学、社会价值的陆生野生动物。因此，结合我国现有6597种有脊椎动物的实际，有4860种野生动物不在野生动物保护法的保护范围内。刑法则在野生动物保护

法基础上进一步缩小保护范围，仅规定了对“珍贵、濒危野生动物”的保护，包括列入《国家重点保护野生动物名录》的国家一、二级保护野生动物、列入《濒危野生动植物种国际贸易公约》附录一、附录二的野生动物以及驯养繁殖的上述物种。野生动物保护范围的扩大，尤其是国家重点保护范围外的其他野生动物往往分布更广、数量更多，因此，将极大丰富检察机关野生动物保护公益诉讼的办案范围和办案量。检察机关要因势利导，在野生动物保护公益诉讼工作中，从原有的以判断野生动物是否在保护范围内为办案思路的起点，转变到主要关注野生动物的属性，而非其所属的保护级别或名录，将全面保护落到实处。

二是明确对现行法律保护范围适用加重处罚原则。针对野生动物保护法、刑法和其他法律中已经规定的处罚情形，要在原有基础上加重处罚。检察机关在公益诉讼工作中，要对照现行法律规定，对野生动物行政执法部门是否依法执行加重处罚进行监督，在确定公益诉讼的诉讼请求时注意适用。

三是明确全流程保护原则。《决定》在对陆生野生动物全面禁食的基础上，同时明确禁止以食用为目的的猎捕、交易、运输，实现了保护的全流程覆盖。刑法主要对珍贵、濒危野生动物的非法猎捕、杀害，珍贵、濒危野生动物、珍贵、濒危野生动物制品的非法收购、运输、出售，野生动物的非法狩猎行为进行处罚，刑法的保护主要针对捕、杀、运、收、售等环节。野生动物保护法则根据是否属于国家重点保护范围，分别进行了规定。对国家重点保护野生动物规定：禁止猎捕、杀害，禁止出售、购买、利用、为食用非法购买该类动物及其制品；运输、携带、寄递该类动物及其制品出县境的，应当持有或者附有许可证、批准文件的副本或者专用标识以及检疫证明。而对国家重点保护范围之外的野生动物规定：在依法取得狩猎证并在猎捕量限额之内，可以猎捕；在提供狩猎、进出口等合法来源证明的情况下，可以出售、利用；运输出县境的，应当持有狩猎、进出口等合法来源证明以及检疫证明；禁止生产、经营使用没有合法来源证明的该类动物及其制品制作的食品。从刑法、野生动物保护法的上述规定与《决定》的对比看，往往被作为最后一个环节的“食用”被《决定》明确禁止，同时，在原有对国家重点保护野生动物的禁止猎捕、交易、运输的基础上，对“有重要生态、科学、社会价值的陆生野生动物”以及其他野生动物（包括人工繁育、人工饲养），即除国家重点保护范围外的其他野生动物都一并全面禁止以“食用”为目的的猎捕、交易、运输。侵害野生动物的行为有不同表现形式，没有需求就没有买卖，没有买卖就没有杀害，要把握其前后存在的紧密联系。要彻底斩除野生动物黑色利益链条，让所有参与破坏野生动物资源和生态环境的违法行为人都付出代价。具体而言，既包括涉野生动物黑色产业链上游的非法猎捕、杀害野生动物，也包括下游的非法收购、运输、出售、食用野生动物及制品等违法行为。尽管下游的违法行为人不是直接猎杀者，但其违法行为对于损害后果的发生具有因果关系，符合公益诉讼的起诉条件，可要求其承担公益侵害责任，加大对非法买卖行为的打击力度，对保护野生动物、保护生态环境具有积极意义。

二、坚持双赢多赢共赢的理念，通过行政公益诉讼推动野生动物保护领域依法行政

《决定》第六条明确要求，各级政府及其有关部门应当健全执法管理体制，明确执法责任主体，落实执法管理责任，加强协调配合，加大监督检查和责任追究力度，严格查处违反本《决定》和有关法律法规的行为；对违法经营场所和违法经营者，依法予以取缔或者查封、关闭。本次发布的案例中包括3件行政公益诉讼案件，体现了行政公益诉讼在野生动物司法保护中由点及面、促进行政机关依法监管、实现社会共治的制度优势。

一是加强对野生动物保护全流程各个环节行政监管的监督。野生动物保护执法是一项复杂、系统的工作，涉及自然资源、林业草原、农业农村、市场监管、森林公安等多个部门，不同部门针对不同领域、不同环节的野生动物保护问题各司其职。实践中侵害野生动物的行为往往牵涉不同领域、跨越不同环节，对此需要各部门协作配合、共同发力。要根据野生动物全流程保护的要求和行政执法部门分管环节的特点，明确野生动物保护所涉各环节的行政监管主体、不同监管主体的职责边界。如在四川省绵阳市涪城区检察院督促规范快递收寄验视行政公益诉讼案中，快递企业执行收件验视制度监管不到位，致使违

法行为人通过快递运输、买卖珍贵濒危野生动物得逞，破坏了野生动物资源和生物多样性，检察机关在追究行为人刑事责任的同时，发出行政公益诉讼诉前检察建议。又如在江西省鹰潭市检察院督促整治野生动物非法收购和运输行政公益诉讼案中，野生动物保护组织志愿者向中国江西网反映有违法行为人在鹰潭火车站非法转运重点保护野生动物，鹰潭市检察院迅速会同鹰潭市森林公安局、鹰潭市湿地和野生动植物保护管理站现场查获饶某某无证非法运输“三有”野生动物棘胸蛙774只；邱某某持过期无效证件，非法运输“三有”野生动物黄麂2只、野猪1只。饶某某、邱某某的行为违反了法律规定，应当依法进行行政处罚，鹰潭市检察院向鹰潭市林业局发出检察建议，要求切实采取有效措施，对通过鹰潭火车站转运野生动物的行为依法查处。

二是加强对多发野生动物保护问题重点场所的行政监管的监督。野生动物保护问题往往集中于野生动物被人为聚集的一些场所，如农贸市场、餐馆饭店，也包括人工繁育、饲养野生动物相关场所。要重点关注这些场所，既要关注对侵害野生动物的违法行为作出的行政处罚类行为，也要关注对法律允许的合法利用野生动物进行审批的行政许可类行为，如对允许保留的人工繁育、饲养野生动物相关场所和经营活动，要依法督促行政机关严格审批。如在江苏省扬中市检察院督促整治野生动物非法交易行政公益诉讼案中，检察机关发现扬中市博联农贸市场内的周某某水产经营户、姚某某水产行公开出售巴西龟、野生菜花蛇以及青蛇等野生动物，且上述商家不能提供合法来源证明及相应的野生动物经营许可证明。扬中市检察院经调查确认扬中市市场监督管理局对扬中市辖区内农贸市场长期违法销售野生动物现象怠于履行监管职责，向扬中市市场监督管理局发出诉前检察建议书，督促该局积极依法履行法定职责，对相关野生动物经营户的违法行为及时予以查处，切实保护野生动物资源。

三是加强磋商协作。检察机关针对履职中发现的行政监管漏洞或者执法不到位、不严格等问题，要主动与行政机关磋商沟通，有针对性地提出检察建议，尤其针对现阶段野生动物保护法律法规中尚未作出具体规定或对规定的理解不同，以及部门间职责模糊交叉对具体案件的认定有重大分歧时，要尽量通过行政公益诉讼立案后磋商程序和诉前圆桌会议等形式，凝聚野生动物保护的共识与合力，妥善化解分歧，促成当地多部门联合开展野生动物保护专项整治，促进有关问题一揽子解决。在案件办结后，要及时总结办案中发现的问题，通过向地方党委政府、人大、政协报告情况，争取支持，促进野生动物保护的法治化、规范化、制度化。如江西省鹰潭市林业局收到检察建议后，在全市林业系统内开展了湿地候鸟和野生动植物资源保护专项整治行动。四川省绵阳市检察机关以办案为契机，与市公安局、市林业局联合会签《关于加强网络监管保护珍贵濒危野生动物的实施意见（试行）》，并促进市邮政管理局与市森林公安局联合出台《关于加强野生动物寄递管理工作的通告》，完善制度机制，形成打击合力。

三、探索恢复公益的民事司法规律，通过民事公益诉讼提升野生动物司法保护效果

民事公益诉讼直接针对侵害野生动物、破坏生态环境的违法行为人，实践中往往以附带形式出现，本次发布的案例中包括3件刑事附带民事公益诉讼案件，相关公益诉讼案件线索均来自刑事案件，涉及的刑事罪名包括非法猎捕、杀害珍贵、濒危野生动物罪，非法收购、运输、出售珍贵、濒危野生动物、珍贵、濒危野生动物制品罪等。从野生动物的保护机制上看，行政处罚、刑事处罚占据了大多数，2012年民事诉讼法修改后确立公益诉讼制度才为民事责任的追究提供了依据，而直到检察公益诉讼制度开始试点之后，野生动物保护领域的民事公益诉讼尤其是附带民事公益诉讼才出现并发展。要充分发挥民事公益诉讼的特殊优势，提升野生动物保护效果。

一要坚持实际赔偿原则。自然资源与生态环境紧密相关，野生动物与其栖息的环境形成相对固定的生态关系，这种动态平衡关系维系着栖息地的生态平衡。侵害野生动物的行为主要导致两大方面的危害：一是直接导致野生动物个体本身的灭失，使得动物资源量减少，种群数量下降；二是这些动物个体的灭失，将不同程度地打破区域生态系统的平衡，损害生态环境的质量，降低生态系统的服务功能。由此可见，野生动物保护既涉及野生动物资源保护，也涉及野生动物所在区域的生态环境安全，野生动物保护法第二章明确规定了“野

生动物及其栖息地保护”。涉野生动物违法行为造成的生态破坏难以仅用金钱价值估量，检察机关要通过咨询专家意见、鉴定、评估等方式，尽最大努力对违法行为造成的生态损害进行举证，提出替代性修复等诉讼请求，保障办案效果。如在湖南省湘阴县检察院诉胡某某等人非法猎捕、杀害珍贵、濒危野生动物小天鹅刑事附带民事公益诉讼案中，检察机关聘请全国知名野生动物专家作为专家辅助人出庭，就猎杀小天鹅对环境的破坏程度、生态损害及修复方式、费用等方面发表专家意见。最终，法院在判令违法行为人赔偿国家野生动物资源损失的同时，还判令违法行为人采取替代性方式修复生态环境。

二要合理确定赔偿数额。由于个案情况不同，在具体办案中，对赔偿数额的确定可以有不同方式。一种方法是由专家对野生动物的价值进行估算。如在江苏省常州市金坛区检察院诉袁某某等21人非法收购、出售珍贵、濒危野生动物及制品刑事附带民事公益诉讼案中，马来穿山甲是重要的自然资源，有极其重要的生态价值、经济价值、科学研究价值、遗传资源价值和观赏价值等。专家根据当前对马来穿山甲资源价值的了解，以及资源补偿实际可操作性，对马来穿山甲的资源价值进行了评估，直接经济价值+生态价值=1头穿山甲一生创造的资源价值为51万元。

附：51万元具体计算方式：

（一）直接经济价值

1. 成年个体价值V1

每头1万元（市场价格）；

2. 成年雌兽再生价值V2

每头10万元（计算依据：穿山甲最长能活20多年，保守估计雌兽平均寿命15年，生产年限10年左右，每年产1胎，每胎1仔，10年共产10胎10仔，按目前每头1万元计算，共10万元）。

（二）生态价值

1. 每个个体保护森林免遭白蚁危害价值V3

45万元（计算依据：1头穿山甲每年能保护250亩森林免遭白蚁危害，如果用人工实现这项工作，需要支付1人人工费及材料费每年3万元，穿山甲平均寿命按15年计算)；

2.1头穿山甲一生能创造的资源价值V

$V = V1 + 1/2 \times V2 + V3$（性别比按1：1计算）

$= 1 + 1/2 \times 10 + 45$

$= 51$（万元）

更多的资源价值并没有包括在内，如果再加上其他资源价值，会远超51万元。

另一种是根据原国家林业局出台的《野生动物及其制品价值评估方法》（以下简称《方法》）规定直接核算野生动物整体价值，即：国家一级保护野生动物，按照所列野生动物基准价值的十倍核算；国家二级保护野生动物，按照所列野生动物基准价值的五倍核算；地方重点保护的野生动物和有重要生态、科学、社会价值的野生动物，按照所列野生动物基准价值核算。同样是在江苏省常州市金坛区检察院诉袁某某等21人非法收购、出售珍贵、濒危野生动物及制品刑事附带民事公益诉讼案中，综合考虑穿山甲目前极度濒危现状，检察机关确定依据《方法》及附件《陆生野生动物基准价值标准目录》，采纳专家意见中可按国家一级保护动物查处标准，向资源破坏者按每只穿山甲8万元的标准追偿资源破坏补偿费。

三要准确把握赔礼道歉作为诉讼请求在野生动物保护公益诉讼中的选择适用。赔礼道歉是承担民事责任的方式之一，根据民法总则规定可以单独适用，亦可以与其他承担民事责任的方式合并适用。检察机关在确定野生动物保护公益诉讼的诉讼请求时，关键要围绕受损野生动物资源和生态环境的恢复，不能一概将赔礼道歉作为诉讼请求，一般也不宜将赔礼道歉作为唯一的诉讼请求。在选择赔礼道歉作为诉讼请求时，要看是否对社会公众的生活环境尤其是周边群众的人居环境造成了实际影响。譬如：虐杀“国宝”大熊猫的行为引起公愤；捕杀市民公园的候鸟破坏了美丽的风景等。如果确实造成了一定影响、引起了社会关注，赔礼道歉作为诉求提出并实现，才能取得预期的教育引导效果。

四、稳妥积极，协调推进，提升野生动物保护公益诉讼办案质效

检察机关办理的野生动物保护公益诉讼案件主要分为两大类，既包括对非法猎捕、杀害、收购、运输、出售野生动物等刑事案件提起附带民事公益诉讼或者单独提起民事公益诉讼，也包括对野生动物保护行政执法中的怠于履职或者监管漏洞提出督促履职、加强监管等方面的检察建议。

前者，要做好与刑事检察的配合。刑事检察在野生动物司法保护中发挥核心作用，这既是刑法作为其他部门法的保障法的法理所决定的，也是我国野生动物司法保护现状所决定的，刑事处理率高而民事赔偿或行政处罚的占比低。因此，刑事检察不仅为野生动物保护公益诉讼提供了丰富的线索来源，也在调查取证、事实认定等方面提供了支撑。刑事附带民事公益诉讼案件线索均来自刑事案件，涉及的刑事罪名包括非法猎捕、杀害珍贵、濒危野生动物罪，非法收购、运输、出售珍贵、濒危野生动物、珍贵、濒危野生动物制品罪等。这类犯罪行为，不仅破坏了野生动物资源，也对涉案野生动物所属区域的生态安全造成了影响。检察机关要注重刑事检察与公益诉讼检察职能相衔接，在依法追究行为人刑事责任的同时，一并追究其损害公益的民事责任，提出赔偿损失、以替代性方式修复生态环境等诉讼请求。如此，刑事证据为公益诉讼中查明相关事实、确定赔偿金额等提供了重要依据，既有利于节约司法资源，提高司法效率，也增加了违法犯罪的成本并有效转化为生态修复资金。正如《决定》第一条所明确规定的，凡野生动物保护法和其他有关法律禁止猎捕、交易、运输、食用野生动物的，必须严格禁止。对违反前款规定的行为，在现行法律规定基础上加重处罚。检察机关提起刑事附带民事公益诉讼，也体现了加重处罚的司法导向。如在江苏省常州市金坛区检察院诉袁某某等21人非法收购、出售珍贵、濒危野生动物及制品刑事附带民事公益诉讼案中，21名被告缴纳的88万资源补偿费被纳入区财政非税专户管理，用于生态环境修复。

后者，要做好与行政检察的配合。行政检察部门针对行政诉讼监督、行政非诉执行监督中发现的野生动物保护问题，可以向公益诉讼检察部门移送线索，并加强对野生动物保护领域依法行政的督促。当前在具体办案中，行政检

察部门要对不允许保留人工繁育、饲养野生动物的经营场所，依法支持有关行政机关实施回收销毁经营利用行政许可证等行政行为；要密切关注行政相对人的经济补偿及救济，对于因关闭、查封野生动物驯养、经营场所，或者吊销野生动物驯养、经营机构许可证引起的相关行政争议，依托行政检察与行政复议、司法调解等多元化矛盾化解机制，促使行政补偿按照合法、适当、及时、便民原则开展，做好关闭相关野生动物经营场所的妥善处置和无害化处理。

五、加强对野生动物保护领域公益诉讼案件的跟进监督和普法宣传，确保野生动物保护成果落实落地

野生动物保护公益诉讼的办案效果，在案件办理之中，更在案件办理之外，要将保护效果实实在在地落实到大自然中、落实到社会公众的心中。

一方面，要做好跟进监督，将保护效果落实到大自然中。野生动物资源和生态的修复需要一个过程，对于相关行政机关对被查扣野生动物开展的救助和处置、野生动物栖息地的生态恢复等，检察机关要监督进展情况，确保行政机关回复的整改方案或法院的判决结果落到实处，才能取得保护野生动物的实效。如在湖南省湘阴县检察院诉胡某某等人非法猎杀珍贵、濒危野生动物小天鹅刑事附带民事公益诉讼案中，公益诉讼起诉人继续跟进判决内容的执行，胡某某等人委托湘阴县林业局代为履行，湘阴县林业局制定《横岭湖省级自然保护区生态修复工程实施方案》，在横岭湖省级自然保护区的缓冲区设立人工促进修复区 100 亩管护三年，种植旱柳 250 株、水草 100 亩。经横岭湖省级自然保护区青山岛管理站观测，2018 年底，横岭湖省级自然保护区小天鹅种群数量明显增加，由案发前的 300 余只增加到 4400 余只。

另一方面，要做好普法宣传，将保护效果落实到社会公众的心中。办案的过程也是普法的过程，检察机关要把每一次野生动物保护的办案和监督活动转化为生动的普法实践，警示和震慑涉野生动物违法行为，推动革除滥食野生动物陋习，努力提升公众的公共卫生安全意识和生态环境资源保护意识，倡导共建人类与野生动物和谐共存的美好家园。要通过检察长领办、案发地开庭、申请专家证人出庭等多种形式提升人民群众的野生动物保护意识，实现对生态环

境和资源的有效司法保护。如浙江省龙泉市检察院在办案时，联合法院以巡回法庭的形式将庭审地点设在案发地的乡村振兴讲习所，同时邀请人大代表、政协委员、人民监督员、狩猎员、当地干部和村民一同观摩庭审，扩大案件办理效果。江苏省常州市金坛区检察院在办案中，邀请区人大代表、政协委员，区市场监督管理局、区餐饮协会相关人员以及媒体记者旁听庭审，还以该案为原型，专题制作《拯救穿山甲，检察在行动》微动漫广泛宣传，让更多公众了解穿山甲的生态价值和所处困境，参与到“森林卫士”的保护中。四川省绵阳市涪城区检察院针对办案中发现的部分未成年人野生动物保护意识不足的问题，指定公益诉讼检察部门、未成年人检察部门联合市林业局、西南科技大学开展保护野生动物法治宣讲会，并通过“宪法法律进高校”“送法进校园”等形式在全市各大、中、小学进行了野生动物保护专题宣传教育，帮助未成年人树立良好的生态文明法治意识。

（来源：《人民检察》2020年第8期）

司法解释、司法指导性文件与解读

最高人民法院　最高人民检察院　公安部

关于印发《关于刑事案件涉扶贫领域财物依法快速返还的若干规定》的通知

2020年7月24日　　高检发〔2020〕12号

各省、自治区、直辖市高级人民法院、人民检察院、公安厅（局），解放军军事法院、军事检察院，新疆维吾尔自治区高级人民法院生产建设兵团分院，新疆生产建设兵团人民检察院、公安局：

为服务巩固脱贫攻坚战战果，推进开展并有效规范刑事案件涉扶贫领域财物依法快速返还工作，最高人民法院、最高人民检察院、公安部联合制定了《关于刑事案件涉扶贫领域财物依法快速返还的若干规定》，现予以印发，请结合实际认真贯彻执行。在贯彻执行中遇到的新情况、新问题，请及时分别报告最高人民法院、最高人民检察院、公安部。

关于刑事案件涉扶贫领域财物依法快速返还的若干规定

第一条　为规范扶贫领域涉案财物快速返还工作，提高扶贫资金使用效能，促进国家惠民利民政策落实，根据《中华人民共和国刑法》《中华人民共和国刑事诉讼法》等法律和有关规定，制定本规定。

第二条 本规定所称涉案财物，是指办案机关办理有关刑事案件过程中，查封、扣押、冻结的与扶贫有关的财物及孳息，以及由上述财物转化而来的财产。

第三条 对于同时符合下列条件的涉案财物，应当依法快速返还有关个人、单位或组织：

（一）犯罪事实清楚，证据确实充分；

（二）涉案财物权属关系已经查明；

（三）有明确的权益被侵害的个人、单位或组织；

（四）返还涉案财物不损害其他被害人或者利害关系人的利益；

（五）不影响诉讼正常进行或者案件公正处理；

（六）犯罪嫌疑人、被告人以及利害关系人对涉案财物快速返还没有异议。

第四条 人民法院、人民检察院、公安机关办理有关扶贫领域刑事案件，应当依法积极追缴涉案财物，对于本办案环节具备快速返还条件的，应当及时快速返还。

第五条 人民法院、人民检察院、公安机关对追缴到案的涉案财物，应当及时调查、审查权属关系。

对于权属关系未查明的，人民法院可以通知人民检察院，由人民检察院通知前一办案环节补充查证，或者由人民检察院自行补充侦查。

第六条 公安机关办理涉扶贫领域财物刑事案件期间，可以就涉案财物处理等问题听取人民检察院意见，人民检察院应当提出相关意见。

第七条 人民法院、人民检察院、公安机关认为涉案财物符合快速返还条件的，应当在作出返还决定五个工作日内返还有关个人、单位或组织。

办案机关返还涉案财物时，应当制作返还财物清单，注明返还理由，由接受个人、单位或组织在返还财物清单上签名或者盖章，并将清单、照片附卷。

第八条 公安机关、人民检察院在侦查阶段、审查起诉阶段返还涉案财物的，在案件移送人民检察院、人民法院时，应当将返还财物清单随案移送，说明返还的理由并附相关证据材料。

未快速返还而随案移送的涉案财物，移送机关应当列明权属情况、提出处理建议并附相关证据材料。

第九条 对涉案财物中易损毁、灭失、变质等不宜长期保存的物品，易贬值的汽车等物品，市场价格波动大的债券、股票、基金份额等财产，有效期即将届满的汇票、本票、支票等，经权利人同意或者申请，并经人民法院、人民检察院、公安机关主要负责人批准，可以及时依法出售、变现或者先行变卖、拍卖。所得款项依照本规定快速返还，或者按照有关规定处理。

第十条 人民法院、人民检察院应当跟踪了解有关单位和村（居）民委员会等组织对返还涉案财物管理发放情况，跟进开展普法宣传教育，对于管理环节存在漏洞的，要及时提出司法建议、检察建议，确保扶贫款物依法正确使用。

第十一条 发现快速返还存在错误的，应当由决定快速返还的机关及时纠正，依法追回返还财物；侵犯财产权的，依据《中华人民共和国国家赔偿法》第十八条及有关规定处理。

第十二条 本规定自印发之日起施行。

解读——

《关于刑事案件涉扶贫领域财物依法快速返还的若干规定》

近日，最高人民法院、最高人民检察院、公安部联合印发了《关于刑事案件涉扶贫领域财物依法快速返还的若干规定》（以下简称《规定》）。最高人民法院、最高人民检察院、公安部有关部门负责同志就《规定》有关情况，接受了记者采访。

一、制定《规定》的重要性和必要性

近年来，人民法院、人民检察院、公安机关紧密结合工作实际，始终把服务保障打好精准脱贫攻坚战作为服务大局的重点任务，扎实推进扶贫领域刑事案件的办理工作。按照已有法律及相关司法解释规定，公安机关、人民检察院、人民法院可以在判决生效前依法开展被害人合法财产返还工作。由于涉扶贫领域财物事关贫困群众的切身利益，能解贫困群众的燃眉之急，办案单位应当在依法办案的同时，对符合权属关系清楚、返还不影响诉讼活动进行等条件的涉扶贫领域财物实现真正快速返还，促使扶贫款物尽快发挥效能，帮助贫困群众早日脱贫致富。《规定》的制定实施，有利于推进刑事案件涉扶贫领域财物依法快速返还工作，进一步保障权益被侵害的个人、单位或组织的合法权益，提高扶贫资金使用效能，促进国家惠民利民政策落实。

二、《规定》的起草过程

我们在起草过程中主要做了以下工作：一是深入调查研究。结合相关案例，向地方深入了解涉扶贫领域财物结案前返还的整体情况、存在问题及工作建议，增强《规定》的针对性、指导性和可操作性。二是认真研究法律政策。我们认真研究了刑法、刑事诉讼法、《中共中央办公厅、国务院办公厅关于进一步规范刑事诉讼涉案财物处置工作的意见》《最高人民法院关于适用〈中华人民共和国刑事诉讼法〉的解释》《人民检察院刑事诉讼规则》《公安机关办理刑事案件程序规定》等法律和规范性文件，准确把握法律政策精神，保证《规定》的合法性和正当性。三是充分研究论证。最高人民法院、最高人民检察院、公安部相关职能部门充分沟通，多次研究，并广泛征求地方意见，确保规定符合实际，能够切实发挥作用。

三、《规定》的主要内容

《规定》共12条，主要包括以下几个方面的内容：

一是涉扶贫领域财物依法快速返还的适用范围、条件和基本原则。其中，

第二条明确了涉案财物的范围，是对文件名称中“涉扶贫领域财物”的具体化；第三条明确了涉案财物快速返还的条件，采用列举的方式对哪些涉案财物能够快速返还规定相关条件。

二是涉扶贫领域财物快速返还的工作原则。第四条明确了办案单位在办案过程中应当积极追缴涉案财物，对本办案环节具备快速返还条件的，应当及时快速返还的工作原则。

三是涉扶贫领域财物快速返还的工作机制。其中，第五条和第六条明确了办案单位对涉案财物权属关系的查证职责和协作配合的工作机制；第七条明确了涉案财物快速返还的时间和程序要求；第八条明确了公安机关、人民检察院移送案件时区分涉案财物已返还和未返还两种情形进行有关清单移送或提出处理建议等要求；第九条明确了对不易保存等特殊涉案财物的处置办法。

四是涉扶贫领域财物快速返还的后续工作和错误救济。其中，第十条明确了办案单位快速返还涉案财物后的相关工作任务；第十一条明确了涉案财物返还错误的救济。

四、《规定》适用于哪些案件

《规定》适用于涉扶贫领域财物的刑事案件，既包括盗窃、诈骗等普通刑事案件，也包括贪污、挪用等职务犯罪案件，只要案件涉及扶贫领域财物及其孳息的，办案单位均应按照《规定》要求，依法开展快速返还工作，以切实保护扶贫财物的安全，助力国家扶贫政策落实到位。

五、涉案财物快速返还应具备哪些条件

《规定》旨在推动并规范涉案财物快速返还工作，避免司法实践中仓促盲目返还涉案财物影响诉讼正常进行或引起新的矛盾纠纷，因此对哪些涉案财物能快速返还规定了相关条件。只有同时符合犯罪事实清楚、证据确实充分，涉案财物权属关系已经查明，有明确的权益被侵害的个人、单位或组织，返还涉案财物不损害其他被害人或者利害关系人的利益，不影响诉讼正常进行或者案件公正处理，犯罪嫌疑人、被告人以及利害关系人对涉案财物快速返还没有异

议等六项条件的，才能开展快速返还工作。

六、办案单位在涉案财物快速返还工作中应当如何衔接配合

开展涉案财物快速返还工作，需要人民法院、人民检察院、公安机关沟通协作，互相支持。一方面，要做好本办案环节相关工作。积极追缴涉案财物、查明权属关系，对于符合快速返还条件的，在作出决定五个工作日内返还有关个人、单位或组织，并做好清单制作、照片附卷等具体工作；另一方面，要加强前后环节办案单位的衔接配合。公安机关、人民检察院在移送案件时，对于已返还涉案财物的，要随案移送返还清单、说明返还理由并附证据材料，保证返还清晰、有据可查；对于未返还涉案财物的，要随案移送相关财物，并列明权属情况、提出处理建议并附证据材料，为下一个办案环节开展相关工作提供便利条件。

七、涉案财物快速返还的后续工作

为防止对涉案财物一返了之，或因缺乏跟踪监督，再次出现涉扶贫领域财物不能发放到位或物尽其用等问题，人民法院、人民检察院在完成涉案财物快速返还工作后，应当跟踪了解有关单位和组织对返还涉案财物管理发放情况，同时开展普法宣传教育，对于发现有关单位或组织存在管理漏洞的，及时提出司法建议、检察建议，确保扶贫款物依法正确使用。

八、涉案财物返还错误的应当如何救济

人民法院、人民检察院、公安机关开展快速返还工作应当坚持实事求是原则，对于发现快速返还存在错误的，由决定快速返还的机关及时纠正，依法追回返还财物；侵犯财产权的，依据国家赔偿法第十八条及有关规定处理。

（来源：《人民法院报》2020年8月13日）

最高人民法院

关于统一法律适用加强类案检索的指导意见（试行）

（2020年7月27日）

为统一法律适用，提升司法公信力，结合审判工作实际，就人民法院类案检索工作提出如下意见。

一、本意见所称类案，是指与待决案件在基本事实、争议焦点、法律适用问题等方面具有相似性，且已经人民法院裁判生效的案件。

二、人民法院办理案件具有下列情形之一，应当进行类案检索：

（一）拟提交专业（主审）法官会议或者审判委员会讨论的；

（二）缺乏明确裁判规则或者尚未形成统一裁判规则的；

（三）院长、庭长根据审判监督管理权限要求进行类案检索的；

（四）其他需要进行类案检索的。

三、承办法官依托中国裁判文书网、审判案例数据库等进行类案检索，并对检索的真实性、准确性负责。

四、类案检索范围一般包括：

（一）最高人民法院发布的指导性案例；

（二）最高人民法院发布的典型案例及裁判生效的案件；

（三）本省（自治区、直辖市）高级人民法院发布的参考性案例及裁判生效的案件；

（四）上一级人民法院及本院裁判生效的案件。

除指导性案例以外，优先检索近三年的案例或者案件；已经在前一顺位中检索到类案的，可以不再进行检索。

五、类案检索可以采用关键词检索、法条关联案件检索、案例关联检索等方法。

六、承办法官应当将待决案件与检索结果进行相似性识别和比对，确定是否属于类案。

七、对本意见规定的应当进行类案检索的案件，承办法官应当在合议庭评议、专业（主审）法官会议讨论及审理报告中对类案检索情况予以说明，或者制作专门的类案检索报告，并随案归档备查。

八、类案检索说明或者报告应当客观、全面、准确，包括检索主体、时间、平台、方法、结果，类案裁判要点以及待决案件争议焦点等内容，并对是否参照或者参考类案等结果运用情况予以分析说明。

九、检索到的类案为指导性案例的，人民法院应当参照作出裁判，但与新的法律、行政法规、司法解释相冲突或者为新的指导性案例所取代的除外。

检索到其他类案的，人民法院可以作为作出裁判的参考。

十、公诉机关、案件当事人及其辩护人、诉讼代理人等提交指导性案例作为控（诉）辩理由的，人民法院应当在裁判文书说理中回应是否参照并说明理由；提交其他类案作为控（诉）辩理由的，人民法院可以通过释明等方式予以回应。

十一、检索到的类案存在法律适用不一致的，人民法院可以综合法院层级、裁判时间、是否经审判委员会讨论等因素，依照《最高人民法院关于建立法律适用分歧解决机制的实施办法》等规定，通过法律适用分歧解决机制予以解决。

十二、各级人民法院应当积极推进类案检索工作，加强技术研发和应用培训，提升类案推送的智能化、精准化水平。

各高级人民法院应当充分运用现代信息技术，建立审判案例数据库，为全国统一、权威的审判案例数据库建设奠定坚实基础。

十三、各级人民法院应当定期归纳整理类案检索情况，通过一定形式在本院或者辖区法院公开，供法官办案参考，并报上一级人民法院审判管理部门备案。

十四、本意见自2020年7月31日起试行。

解读——

《关于统一法律适用加强类案检索的指导意见（试行）》

刘树德　胡继先*

2020年6月1日，最高人民法院审判委员会第1802次全体会议讨论通过了《关于统一法律适用加强类案检索的指导意见（试行）》（法发〔2020〕24号，以下简称《意见》），自2020年7月31日起实施。《意见》在总结全国部分法院有益探索经验的基础上，进一步完善了类案检索机制，围绕类案的界定、类案强制检索的适用情形、检索平台、检索范围和顺序、结果运用、法官回应、法律适用分歧解决等问题，提出明确的指导意见，对规范法官裁判权行使、统一法律适用等将发挥积极作用。现就《意见》的起草背景和过程、基本原则及主要内容等予以说明。

一、《意见》的起草背景和过程

法律统一适用是维护社会主义法制统一和尊严的基本要求，也是司法公正的应有之义。但受法律本身的抽象性、一般性、模糊性以及法官对法律的理解和认识可能存有偏差等因素的影响，法律适用不统一成为困扰人民法院的一个难题，在一定程度上影响了司法的公信力。为解决这一问题，2015年最高人

* 作者单位：最高人民法院。

民法院印发《关于完善人民法院司法责任制的若干意见》，提出通过类案参考、案例评析等方式统一裁判尺度。此后，最高人民法院结合工作实际，先后出台《关于落实司法责任制完善审判监督管理机制的意见（试行）》（法发〔2017〕11号）、《司法责任制实施意见（试行）》（法发〔2017〕20号）、《进一步加强最高人民法院审判监督管理工作的意见（试行）》（法办发〔2019〕10号），创建类案检索机制，要求本院承办法官在审理案件时对相关类案进行检索并制作检索报告，为合议庭、主审法官会议、审判委员会研究讨论案件提供必要参考。就地方法院而言，北京、四川、广西、贵州、福建、江苏、辽宁等高院，上海一中院、重庆一中院、浙江台州中院、辽宁葫芦岛中院等，以及一些基层法院，也分别出台规范性文件，探索建立类案检索机制。从实际运行情况看，各地类案检索机制的建立对规范法官裁判权的行使、促进法律的统一适用发挥了一定作用，但由于对类案强制检索的适用情形、检索主体及平台、检索的范围及顺序、结果运用等缺乏明确统一的规定，亟需进一步规范完善。

为认真贯彻党的十九大、十九届四中全会精神，不断深化司法责任制综合配套改革，全面落实司法责任制，最高人民法院在认真总结各级法院有益经验的基础上，经充分调研论证，书面征求全国人大常委会法工委、全国各高级法院、本院各业务庭及有关专家学者的意见，几经修改完善，研究制定了《意见》，旨在使在先案例或案件成为法官作出裁判的参照或参考，不断促进法律统一适用，实现司法公正。

二、《意见》起草遵循的基本原则

一是坚持问题导向。近年来，“同案不同判”“类案不同判”的现象在不同层级法院、不同地区法院甚至同一法院时有发生，受到社会的广泛关注，影响了司法的公正性和权威性。实际上，所谓“同案不同判”“类案不同判”，只是民众对裁判不公的一个形象说法，其实质是法律适用不统一的问题。造成这一问题的原因有多个方面，比如法律缺乏明确规定，法律自身的不周延性、模糊性和滞后性，法官对法律的不同理解和认识，监督管理机制不健全，司法人员能力水平有待提升等，但主要原因是不同法官对同一法律的理解与认识可能存在偏差，导致类似案件不能得到类似处理。针对目前法律适用统一有待提高的现状，特别是司法责任制改革后影响统一法律适用的新情况新问题，《意见》进一步健全完善类案检索机制，要求对具有4种情形之一的案件进行类案检索，并向合议庭、（专业）主审法官会议或审判委员会作检索说明或报告，以充分发挥类案参考作用，确保裁判标准统一和法律统一适用。

二是坚持司法改革既定方向。完善主审法官、合议庭办案责任制是此次司法责任制改革的重点任务，其核心是放权于主审法官及合议庭，实现“让审理者裁判，由裁判者负责”的改革目标。近年来，全国法院积极推进司法责任制改革，审判权责逐步明晰，新型办案机制已经形成，法官的办案主体地位日益凸显。但在改革中处理放权与监督的关系时也出现一些问题，主要由于未能正确认识和处理二者的关系，一些法院院庭长不愿监督、不敢监督、不会监督，监督逐渐弱化，产生审判质效下滑的风险。周强院长在最高人民法院司法改革领导小组2020年第一次会议上强调，“要深化司法责任制综合配套改革，进一步健全审判权力运行机制，做到有序放权、有效监督”。《意见》严格遵循司法责任制改革精神，认真落实主审法官、合议庭办案责任制，充分发挥法官在办案工作中的主导性作用；坚持放权与监督并重的原则，在放权于主审法官及合议庭的同时，加强院庭长的监督管理，做到二者的有机结合。此外，《意见》注意与已有的相关改革举措配套衔接，包括案例指导制度、院庭长监督管理制度、专业（主审）法官会议制度以及审判委员会制度等，以形成制度合力。《意见》还引入外部监督机制，允许公诉机关、案件当事人及其辩护人、诉讼代理人在诉讼过程中提交类案支持自己的主张，并规定法官以适当方式进行回应，以规范裁判权行使，促进裁判尺度的统一。

三是坚持我国成文法体系的基本特色。我国是成文法国家，制定法是基本的法律渊源，法官依照法律而非案例对案件作出裁判，但案例在我国一直存在并发挥着重要作用。从上世纪80年代中期起，最高人民法院开始在《最高人民法院公报》上发布典型案例，对我国的司法实践产生了重要影响；2005年，人民法院“二五改革纲要”明确提出建立和完善案例指导制度；2010年，《最高人民法院关于案例指导工作的规定》（以下简称《规定》）正式发布，标志着具有中国特色的案例指导制度正式确立。2015年，最高人民法院发布《〈关于案例指导工作的规定〉实施细则》（以下简称《实施细则》），进一步规范和完善了案例指导工作制度机制。截至目前，最高人民法院共发布24批139个指导性案例，对全国法院的审判工作发挥着十分重要的指导作用。从世界范围看，近年来成文法制度和判例法制度有融合发展的趋势，无论在判例法国家还是成文法国家，判例都发挥着越来越重要的作用，只是判例的地位、效力、运行机制等有所不同。《意见》在坚持我国现行法律制度体系框架的前提下，将我国的类案检索制度定位为中国特色的、成文法体系下的具体制度，强调人民法院在依照法律裁判案件的基础上充分发挥指导性案例的参照作用和其他类案的参考作用，促进法律的统一适用这一司法正义的实现，不断增强法律的稳定性和可预见性。

四是坚持从实际出发。近年来，全国法院受理案件数不断增加（据统计，2013年至2017年，地方各级法院受理案件8896.7万件，同比上升58.6%；2018年地方各级法院受理案件2800万件，同比上升8.8%；2019年地方各级法院受理案件3156.7万件，同比上升12.7%），很多法院尤其是基层法院的法官办案压力加大，案多人少矛盾比较突出。《意见》充分考虑这一司法工作现状，仅明确了需要强制类案检索的4种情形，不硬性要求对这4种情形之外的案件进行类案检索。这既兼顾了司法工作实际，又最大限度地发挥了类案检索的功能作用。同时，为避免过多增加法官工作负担，对应当进行类案检索的案件，也不要求承办法官一律制作专门的类案检索报告，而是赋予其制作检索报告或进行类案检索说明的选择权；对公诉机关、案件当事人及其辩护人、诉讼代理人等提交类案作为控（诉）辩理由的，区分不同情形要求法官予以回应，以灵活有效的方式切实帮助法官公正高效裁判案件。

三、《意见》的主要内容

《意见》共14条，对类案检索的适用范围、检索主体及平台、检索范围和方法、类案识别和比对、检索报告或说明、结果运用、法官回应、法律分歧解决、审判案例数据库建设等予以明确。

（一）类案的定义

当前，关于类案的定义存在较大争议，有观点甚至以“世界上不存在两片相同的叶子”为由否认类案的存在。实际上，不同案件虽然在具体情节上千差万别，但总是存在相同或相似的方面，而这些案件的裁判是可以相互参考借鉴的。《意见》将这些案件称为类案，既是着眼于一种相互参酌的裁判方法，也是服务于统一法律适用的整体目标。

对类案的定义，理论界和实务界存在多种观点。

一种观点认为，类似案例是指与待决案件具有类似因素的案例，包括案件事实相类似、法律关系相类似、案件的争议点相类似、案件所争议的法律问题相类似；

另一种观点认为，案件类似，是指比对先例与待决案件诉讼争点所陈述的事实特征，并加以相同或相似性判断，而不是笼统地认定全案事实类似；

还有观点认为，同案不同判中的“同案”，实质是以案件事实的法律特性为线索来确定案件事实在整体上是否属于同样法律性质。

这些观点虽然对类案的认识不一，但在某些方面仍具有相似之处。《意见》在综合考虑各种观点的基础上，采用了相对客观的定义方式：

一是围绕类案的本质特征，将“案件基本事实、争议焦点和法律适用问题等方面具有实质相似性”作为具体的判断标准；

二是考虑到类案的可参考性和检索的现实性，将类案范围限定于“已裁判生效的案件”，将正在审理中的案件排除在外。

（二）类案强制检索的情形

类案检索是一种辅助法官作出司法判断的裁判方法。在办理案件过程中，类案检索可以帮助法官参照或参考在先案例作出妥当判决，提高司法裁判的确定性和可预测性。关于应当进行类案检索的案件范围，《意见》规定了 4 种情形，即拟提交专业（主审）法官会议或者审判委员会讨论的，缺乏明确裁判规则或者尚未形成统一裁判规则的，院长、庭长根据审判监督管理权限要求进行类案检索的，以及其他需要进行类案检索的。

这一规定主要基于两个方面的考虑：

一是基于合议庭或者独任法官负有审慎裁判的义务。拟提交专业（主审）法官会议或者审判委员会讨论的案件，一般都是法律适用问题存在争议的案件，对这类案件以及缺乏明确裁判规则或者尚未形成统一裁判规则的案件，法官有责任对法律适用问题进行更加认真的研究，在类案检索的基础上作出更加慎重的裁判。

二是基于审判监督管理的需要。无论是为提交审判委员会讨论而提前检索，还是按照院庭长要求进行专门检索，都是为审判委员会、院庭长行使审判监督管理职权提供充分的决策参考。

（三）类案检索的范围及顺序

为确保类案检索工作取得实效，避免检索过泛、过滥，《意见》将类案检索范围分为3个层次。

一是具有显性拘束力的案例，即最高人民法院发布的指导性案例。《规定》第七条规定："最高人民法院发布的指导性案例，各级人民法院审判类似案例时应当参照。"《实施细则》第九条规定："各级人民法院正在审理的案件，在基本案情和法律适用方面，与最高人民法院发布的指导性案例相类似的，应当参照相关指导性案例的裁判要点作出裁判。"由此可见，《规定》及其实施细则明确赋予了指导性案例的拘束力。《意见》沿用了上述规定，对检索到的指导性案例，要求人民法院审理类似案件时应当参照作出裁判。

二是具有强隐性拘束力的案例或案件，如《最高人民法院公报》发布的案例、其他典型案例及裁判生效的案件，本省（自治区、直辖市）高级人民法院发布的参考性案例及裁判生效的案件。此类案例或案件虽不具有指导性案例那样的拘束力，但由于上下级法院之间的审级关系和审判监督指导关系，这类案例或案件对本辖区法院具有很强的指导作用，实践中往往会成为法官审理案件的重要参考。

三是具有弱隐性拘束力的案件，即上一级人民法院及本院裁判生效的案件。此种案件代表了上一级法院及本院对类似案件的裁判意见，受审级制度及本院（专业）主审法官会议制度、审判委员会制度等因素的影响，一般会成为裁判案件的参考依据。实际上，我国司法实践中判例遵循的习惯一直客观存

在，遵循上级法院的判例是保证法律统一适用和司法权
及约束力自然而然地产生于司法的结构和过程中。

另外，综合考虑类案的时效性及审判实践需要，《意见》
的时间范围，规定除指导性案例以外，优先检索近3年的案例或
适当压缩了检索范围，规定已经在前一顺位中检索到类案的，可以不
索。当然，这一规定属于倡导性的规定，只要有助于公正高效办理案件，
时承办法官除检索近3年的案例或案件之外，也可以检索之前的案例或案件
在前一顺位中检索到类案的，也可以继续在后顺位中检索，甚至可以在全国其他辖区人民法院裁判生效的案件中进行检索。

（四）诉讼参与人提交类案检索报告与法官回应

类案检索是司法工作与信息技术融合发展的结果，检索主体不仅包括法官，还包括公诉机关、案件当事人及其辩护人、诉讼代理人等诉讼参与人，而且后者更有动力进行类案检索，以提供支持本方观点的充分论据。对此，《意见》在制度设计上主要做了两个方面的安排：

一是允许公诉机关、案件当事人及其辩护人、诉讼代理人等提交类案，作为控（诉）辩理由。

二是明确人民法院的回应方式，即公诉机关、案件当事人及其辩护人、诉讼代理人等提交指导性案例作为控（诉）辩理由的，人民法院应当在裁判文书说理中回应是否参照并说明理由，以增强裁判的可接受性；提交其他类案作为控（诉）辩理由的，人民法院可以通过释明等方式予以回应。

这些制度安排既延续了《实施细则》的相关规定（《实施细则》第十一条第二款，公诉机关、案件当事人及其辩护人、诉讼代理人引述指导性案例作为控（诉）辩理由的，案件承办人员应当在裁判理由中回应是否参照了该指导性案例并说明理由），又结合工作实际对诉讼参与人提交其他类案的回应方式作出比较灵活的规定；既充分考虑了当事人及其辩护人、诉讼代理人等诉讼参与人的诉求，又综合考虑了我国的法律制度、法院的工作实际等因素，有助于类案检索制度更好地发挥统一法律适用和裁判尺度的作用。

类案检索的结果应用

案检索要真正发挥作用，最终要落实到检索结果的实际运用。在我国成本体系中，类案本身不具有法源性质，没有法律上的拘束力，但事实上会对官裁判案件存在一定的约束性和参考性。在这种情况下，类案检索结果如何应用，是一个非常关键的问题。对此，《意见》从程序和实体两个方面对类案检索结果的应用作出明确规定。

一方面，从程序上规定了法官的说明报告义务，要求承办法官对类案强制检索的案件，应当在合议庭评议、专业（主审）法官会议讨论及审理报告中对类案检索情况予以说明，或者制作专门的类案检索报告，并随案归档备查。同时，要求检索报告或者说明应当包括检索主体、时间、平台、方法、结果，类案裁判要点以及待决案件争议焦点等内容，做到客观、全面、准确。

另一方面，从实体上区分了两种情况：一是基于指导性案例的现实地位，规定检索到的类案为指导性案例的，人民法院应当参照作出裁判，但与新的法律、行政法规、司法解释相冲突或者为新的指导性案例所取代的除外；二是考虑到其他类案的参考借鉴价值，明确检索到其他类案的，人民法院可以作为作出裁判的参考。当然，检索出的类案是否可以作为裁判的参考，还需要合议庭或者独任法官斟酌类案的案情、审级、裁判要点、裁判时间等因素，作出综合判断。

（六）法律适用分歧的解决

类案检索机制的主要目的在于统一法律适用，如果在类案检索中发现法律适用问题存在不一致的，应如何处理？这可能是类案检索中困扰法官的一个难题。如前所述，我国是成文法国家，法官应当依照法律而非判例裁判案件，检索到的类案对法官裁判案件仅具有一定的参照或参考作用。对于在类案检索中发现法律适用问题不一致的，法官应当依照自身对法律的理解审慎作出裁判。当然，对检索中发现的法律适用分歧问题，法官也不能漠然视之，而是可以通过启动相关机制予以解决。2019年10月28日起，《最高人民法院关于建立法律适用分歧解决机制的实施办法》正式施行，旨在从审判机制上避免最高人民法院本级生效裁判之间发生法律适用分歧，并及时解决最高人民法院生效裁判之间业已存在的法律适用分歧。该办法为下级法院解决法律适用分歧问题起到了很好的示范指导作用。下一步，高级人民法院也可以建立类似的法律适用分歧解决机制，为法官在类案检索中发现的法律适用分歧问题提供解决的途径和方法。为此，《意见》设置了一个引致条款，规定检索到的类案存在法律适用不一致的，人民法院可以综合法院层级、裁判时间、是否经审判委员会讨论等因素，依照《最高人民法院关于建立法律适用分歧解决机制的实施办法》等规定，通过法律适用分歧解决机制予以解决。这些机制的建立，必将在更大程度上促进法律适用的统一。

类案检索是统一法律适用、提升裁判公正性和可预期性的一项重要工作制度，是全面落实司法责任制改革的重要举措。各级人民法院要充分认识此项制度的重要价值和意义，认真贯彻落实《意见》的各项要求，进一步细化完善类案强制检索情形、类案检索范围、相似性识别和比对、检索说明或报告、技术研发应用等措施，不断探索实践，认真总结经验，积极稳妥推进类案检索工作，不断完善中国特色的法律适用制度，确保实现法律统一适用和司法公平公正。

（来源：《人民司法》2020 年第 25 期）

部门规章、部门规章性文件与解读

司法部

关于印发《物证类司法鉴定执业分类规定》《声像资料司法鉴定执业分类规定》的通知

2020年6月23日　　　　司规〔2020〕5号

各省、自治区、直辖市司法厅（局），新疆生产建设兵团司法局：

《物证类司法鉴定执业分类规定》《声像资料司法鉴定 执业分类规定》已经司法部2020年6月19日第23次部长办公会议审议通过，现予印发，请认真贯彻执行。

物证类司法鉴定执业分类规定

第一章　总　　则

第一条　为规范物证类司法鉴定机构和鉴定人的执业活动，根据《全国人民代表大会常务委员会关于司法鉴定管理问题的决定》等规定，结合司法鉴定工作实际制定本规定。

第二条 物证类司法鉴定是在诉讼活动中鉴定人运用物理学、化学、文件检验学、痕迹检验学、理化检验技术等原理、方法和专门知识，对文书物证、痕迹物证、微量物证等涉及的专门性问题进行鉴别和判断并提供鉴定意见的活动。

第三条 物证类司法鉴定解决的专门性问题包括：文书物证的书写人、制作工具、制作材料、制作方法，及其内容、性质、状态、形成过程、制作时间等鉴定；痕迹物证的勘验提取，造痕体和承痕体的性质、状况及其形成痕迹的同一性、形成原因、形成过程、相互关系等鉴定；微量物证的物理性质、化学性质和成分组成等鉴定。

第二章 文书鉴定

第四条 文书鉴定是指鉴定人运用文件检验学的理论、方法和专门知识，对可疑文件（检材）的书写人、制作工具、制作材料、制作方法、内容、性质、状态、形成过程、制作时间等问题进行检验检测、分析鉴别和判断并提供鉴定意见的活动。

文书鉴定包括笔迹鉴定、印章印文鉴定、印刷文件鉴定、篡改（污损）文件鉴定、文件形成方式鉴定、特种文件鉴定、朱墨时序鉴定、文件材料鉴定、基于痕迹特征的文件形成时间鉴定、基于材料特性的文件形成时间鉴定、文本内容鉴定等。

第五条 笔迹鉴定。包括依据笔迹同一性鉴定标准，必要时结合笔迹形成方式的检验鉴定结果，判断检材之间或检材与样本之间的笔迹是否同一人书写或者是否出自于同一人。

第六条 印章印文鉴定。包括依据印章印文同一性鉴定标准，必要时结合印文形成方式的检验鉴定结果，判断检材之间或检材与样本之间的印文是否同一枚印章盖印或者是否出自于同一枚印章。

第七条 印刷文件鉴定。包括依据印刷方式鉴定标准判断检材是何种印刷方式印制形成，如制版印刷中的凹、凸、平、孔版印刷等，现代办公机具印刷中的复印、打印、传真等；依据印刷机具种类鉴定标准判断检材是何种机具印制形成；依据印刷机具或印版同一性鉴定标准判断检材之间或检材与样本之间是否同一机具或同一印版印制形成等。

第八条 篡改（污损）文件鉴定。包括依据变造文件鉴定标准判断检材是否存在添改、刮擦、拼凑、掩盖、换页、密封、消退、伪老化等变造现象；依据污损文件鉴定标准对破损、烧毁、浸损等污损检材进行清洁整理、整复固定、显现和辨识原始内容等；依据模糊记载鉴定标准对检材褪色记载、无色记载等模糊记载内容进行显现和辨识；依据压痕鉴定标准对检材压痕内容进行显现和辨识等。

第九条 文件形成方式鉴定。包括依据笔迹形成方式鉴定标准判断检材笔迹是书写形成还是复制形成；依据印章印文形成方式鉴定标准判断检材印文是盖印形成还是复制形成；依据指印形成方式鉴定标准判断文件上有色检材指印是否复制形成等。

第十条 特种文件鉴定。包括依据特种文件鉴定标准判断检材货币、证照、票据、商标、银行卡及其他安全标记等的真伪。

第十一条 朱墨时序鉴定。包括依据朱墨时序鉴定标准判断检材上文字、印文、指印等之间的形成先后顺序。

第十二条 文件材料鉴定。包括依据文件材料鉴定标准对需检纸张、墨水墨迹、油墨墨迹、墨粉墨迹、粘合剂等文件材料的特性进行检验检测及比较检验等。

第十三条 基于痕迹特征的文件形成时间鉴定。包括依据印章印文盖印时间鉴定标准判断检材印文的盖印时间；依据打印文件印制时间鉴定标准判断检材打印文件的打印时间；依据静电复印文件印制时间鉴定标准判断检材静电复印文件的复印时间；依据检材某要素的发明、生产时间或时间标记信息判断其文件要素的形成时间等。

第十四条 基于材料特性的文件形成时间鉴定。包括综合运用光谱、色谱、质谱等仪器检测分析技术，根据墨水墨迹、油墨墨迹、墨粉墨迹、印文色料、纸张等文件材料的某种（些）理化特性随时间的变化规律，依据相应的判定方法，分析判断检材的形成时间。

第十五条 文本内容鉴定。包括通过书面言语分析，判断检材文本作者的地域、年龄、文化程度、职业等属性；通过文本格式、内容、书面言语特征等的比较检验，分析判断检材之间或检材与样本之间文本的相互关系等。

第三章 痕迹鉴定

第十六条 痕迹鉴定是指鉴定人运用痕迹检验学的理论、方法和专门知识，对痕迹物证进行勘验提取，并对其性质、状况及其形成痕迹的同一性、形成原因、形成过程、相互关系等进行检验检测、分析鉴别和判断并提供鉴定意见的活动。

痕迹鉴定包括手印鉴定、潜在手印显现、足迹鉴定、工具痕迹鉴定、整体分离痕迹鉴定、枪弹痕迹鉴定、爆炸痕迹鉴定、火灾痕迹鉴定、人体特殊痕迹鉴定、日用物品损坏痕迹鉴定、交通事故痕迹物证鉴定等。

第十七条 手印鉴定。包括通过比较检验判断检材之间或检材与样本之间的指印是否同一；通过比较检验判断检材之间或检材与样本之间的掌印是否同一；通过对检材指掌印的检验判断其形成过程。

第十八条 潜在手印显现。包括使用物理学、化学或专用设备等方法显色增强潜在手印。

第十九条 足迹鉴定。包括通过比较检验判断检材之间或检材与样本之间的赤足印是否同一；通过比较检验判断检材之间或检材与样本之间的鞋、袜印是否同一。

第二十条 工具痕迹鉴定。包括通过勘查和检验判断检材线形痕迹、凹陷痕迹、断裂变形痕迹等的形成原因；通过比较检验判断检材线形痕迹、凹陷痕迹、断裂变形痕迹等是否为某一造痕体形成。

第二十一条 整体分离痕迹鉴定。包括通过检验判断分离物体之间是否存在整体分离关系。

第二十二条 枪弹痕迹鉴定。包括枪械射击弹头/弹壳痕迹检验、枪弹识别检验、枪支性能检验、利用射击弹头/弹壳痕迹认定发射枪支检验、利用射击弹头/弹壳痕迹认定发射枪种检验、枪击弹孔检验、枪支号码显现，以及通过对枪击现场的勘查和检验分析，必要时结合所涉射击残留物的理化特性检验检测结果，综合判断枪击事件中痕迹的形成过程及与事件之间的因果关系等。

第二十三条 爆炸痕迹鉴定。包括炸药爆炸力及炸药量检验、雷管及导火（爆）索检验、爆炸装置检验，以及通过对爆炸现场的勘查和检验分析，必要时结合所涉爆炸物的理化特性检验检测结果，综合判断爆炸事件中痕迹的形成过程及与事件之间的因果关系等。

第二十四条 火灾痕迹鉴定。包括通过火灾现场、监控信息等，对现场烟熏痕迹、倒塌痕迹、炭化痕迹、变形变色痕迹、熔化痕迹以及其他燃烧残留物进行勘查和检验分析，必要时结合火灾微量物证鉴定结果，综合判断火灾事故中痕迹形成过程及与事故之间的因果关系等。

第二十五条 人体特殊痕迹鉴定。包括除手印、脚印外的其他人体部位形成的痕迹鉴定，如牙齿痕迹鉴定、唇纹痕迹鉴定、耳廓痕迹鉴定等。

第二十六条 日用物品损坏痕迹鉴定。包括运用痕迹检验学的原理和技术方法，必要时结合所涉日用物品材料的理化特性检验检测结果，对日常生活中使用的玻璃物品、纺织物品、陶瓷物品、塑料物品、金属物品等的损坏痕迹的形态进行勘查和检验分析，综合判断其损坏原因。

第二十七条 交通事故痕迹物证鉴定。包括车辆安全技术状况鉴定；交通设施安全技术状况鉴定；交通事故痕迹鉴定；车辆速度鉴定；交通事故痕迹物证综合鉴定等。非交通事故的相关鉴定可参照本条款。

交通事故痕迹物证鉴定包括的具体项目内容如下：

（一）车辆安全技术状况鉴定。包括判断涉案车辆的类型（如机动车、非机动车）；对车辆安全技术状况进行检验；判断车辆相关技术状况或性能的符合性（如制动系、转向系、行驶系、灯光、信号装置等）。

（二）交通设施安全技术状况鉴定。包括对交通事故现场或事故发生地点等相关区域进行勘查、测量；对路基、路面、桥涵、隧道、交通工程及沿线交通附属设施的安全技术状况进行检验（如道路线形、护栏、标志、标线等）；

判断事故相关区域交通设施的技术状况或性能的符合性（如材料、设置位置、几何尺寸、力学性能等）。

（三）交通事故痕迹鉴定。包括通过对涉案车辆唯一性检查，对涉案车辆、交通设施、人员及穿戴物等为承痕体、造痕体的痕迹和整体分离痕迹进行检验分析，必要时结合交通事故微量物证鉴定、法医学鉴定等结果，判断痕迹的形成过程和原因（如是否发生过接触碰撞、接触碰撞部位和形态等）。

（四）车辆速度鉴定。运用动力学、运动学、经验公式、模拟实验等方法，根据道路交通事故现场痕迹和资料、视频图像、车辆行驶记录信息等，判断事故瞬间速度（如碰撞、倾覆或坠落等瞬间的速度），采取避险措施时的速度（如采取制动、转向等避险措施时的速度），在某段距离、时间或过程的平均行驶速度及速度变化状态等。

（五）交通事故痕迹物证综合鉴定。基于以上交通事故痕迹物证鉴定项目的检验鉴定结果，必要时结合交通事故微量物证鉴定、声像资料鉴定、法医学鉴定等结果，综合判断涉案人员、车辆、设施等交通要素在事故过程中的状态、痕迹物证形成过程及原因等，包括交通行为方式、交通信号灯指示状态、事故车辆起火原因、轮胎破损原因等。

第四章　微量物证鉴定

第二十八条　微量物证鉴定简称微量鉴定，是指鉴定人运用理化检验的原理、方法或专门知识，使用专门的分析仪器，对物质的物理性质、化学性质和成分组成进行检验检测和分析判断并提供鉴定意见的活动。其中，物理性质包括物质的外观、重量、密度、力学性质、热学性质、光学性质和电磁学性质等；化学性质包括物质的可燃性、助燃性、稳定性、不稳定性、热稳定性、酸性、碱性、氧化性和还原性等；成分组成包括物质中所含有机物、无机物的种类和含量等。

微量物证鉴定包括化工产品类鉴定、金属和矿物类鉴定、纺织品类鉴定、日用化学品类鉴定、文化用品类鉴定、食品类鉴定、易燃物质类鉴定、爆炸物类鉴定、射击残留物类鉴定、交通事故微量物证鉴定和火灾微量物证鉴定。

第二十九条 化工产品类鉴定。包括塑料、橡胶、涂料（油漆）、玻璃、陶瓷、胶黏剂、填料、化学试剂以及化工原料、化工中间体、化工成品等的物理性质、化学性质和成分组成的检验检测，以及上述材料的比较检验和种类判别。

第三十条 金属和矿物类鉴定。包括金属、合金、泥土、砂石、灰尘等的物理性质、化学性质和成分组成的检验检测，以及上述材料的比较检验和种类判别。

第三十一条 纺织品类鉴定。包括纤维、织物等的物理性质、化学性质和成分组成的检验检测，以及上述材料的比较检验和种类判别。

第三十二条 日用化学品类鉴定。包括洗涤剂、化妆品、香精香料等的物理性质、化学性质和成分组成的检验检测，以及上述材料的比较检验和种类判别。

第三十三条 文化用品类鉴定。包括墨水、油墨、墨粉、纸张、粘合剂等的物理性质、化学性质和成分组成的检验检测，以及上述材料的比较检验和种类判别。

第三十四条 食品类鉴定。包括食品的营养成分、重金属、添加剂、药物残留、毒素、微生物等的检验检测。

第三十五条 易燃物质类鉴定。包括易燃气体、易燃液体和易燃固体及其残留物的物理性质、化学性质和成分组成的检验检测，以及上述材料的比较检验和种类判别。

第三十六条 爆炸物类鉴定。包括易爆物质及其爆炸残留物的物理性质、化学性质和成分组成的检验检测，以及上述材料的比较检验和种类判别。

第三十七条 射击残留物类鉴定。包括射击残留物的物理性质、化学性质和成分组成的检验检测，以及上述材料的比较检验和种类判别。

第三十八条 交通事故微量物证鉴定。包括交通事故涉及的油漆、橡胶、塑料、玻璃、纤维、金属、易燃物质等的物理性质、化学性质和成分组成的检验检测，以及上述材料的比较检验和种类判别。

第三十九条 火灾微量物证鉴定。包括火灾现场涉及的易燃物质类、化工产品类、金属等的物理性质、化学性质和成分组成的检验检测，以及上述材料的比较检验和种类判别。

第五章 附 则

第四十条 本规定自公布之日起施行。

附表：物证类司法鉴定执业分类目录

序号	领域	分领域及项目
01	文书鉴定	0101 笔迹鉴定
		0102 印章印文鉴定
		0103 印刷文件鉴定
		0104 篡改（污损）文件鉴定
		0105 文件形成方式鉴定
		0106 特种文件鉴定
		0107 朱墨时序鉴定
		0108 文件材料鉴定
		0109 基于痕迹特征的文件形成时间鉴定
		0110 基于材料特性的文件形成时间鉴定
		0111 文本内容鉴定

续表

序号	领域	分领域及项目
02	痕迹鉴定	0201 手印鉴定
		0202 潜在手印显现
		0203 足迹鉴定
		0204 工具痕迹鉴定
		0205 整体分离痕迹鉴定
		0206 枪弹痕迹鉴定
		0207 爆炸痕迹鉴定
		0208 火灾痕迹鉴定
		0209 人体特殊痕迹鉴定
		0210 日用物品损坏痕迹鉴定
		0211 交通事故痕迹物证鉴定 021101 车辆安全技术状况鉴定 021102 交通设施安全技术状况鉴定 021103 交通事故痕迹鉴定 021104 车辆速度鉴定 021105 交通事故痕迹物证综合鉴定

续表

序号	领域	分领域及项目
03	微量物证鉴定	0301 化工产品类鉴定
		0302 金属和矿物类鉴定
		0303 纺织品类鉴定
		0304 日用化学品类鉴定
		0305 文化用品类鉴定
		0306 食品类鉴定
		0307 易燃物质类鉴定
		0308 爆炸物类鉴定
		0309 射击残留物类鉴定
		0310 交通事故微量物证鉴定
		0311 火灾微量物证鉴定

声像资料司法鉴定执业分类规定

第一章　总　　则

第一条　为规范声像资料司法鉴定机构和鉴定人的执业活动，根据《全国人民代表大会常务委员会关于司法鉴定管理问题的决定》等规定，结合司法鉴定工作实际制定本规定。

第二条　声像资料司法鉴定是指在诉讼活动中鉴定人运用物理学、语言学、信息科学与技术、同一认定理论等原理、方法和专门知识，对录音、图像、电子数据等涉及的专门性问题进行鉴别和判断并提供鉴定意见的活动。

第三条 声像资料司法鉴定包括录音鉴定、图像鉴定、电子数据鉴定。解决的专门性问题包括：录音和图像（录像/视频、照片/图片）的真实性、同一性、相似性、所反映的内容等鉴定；电子数据的存在性、真实性、功能性、相似性等鉴定。

第二章 录音鉴定

第四条 录音鉴定是指鉴定人运用物理学、语言学、信息科学与技术、同一认定理论等原理、方法和专门知识，对检材录音的真实性、同一性、相似性及所反映的内容等问题进行检验、分析、鉴别和判断并提供鉴定意见的活动。

录音鉴定包括录音处理、录音真实性鉴定、录音同一性鉴定、录音内容分析、录音作品相似性鉴定等。

第五条 录音处理。包括依据录音处理方法，对检材录音进行降噪、增强等清晰化处理，以改善听觉或声谱质量。

第六条 录音真实性鉴定。包括依据录音原始性鉴定方法，判断检材录音是否为原始录音；依据录音完整性鉴定方法，判断检材录音是否经过剪辑处理。

第七条 录音同一性鉴定。包括依据语音同一性鉴定方法，判断检材与样本之间或检材之间的语音是否同一；参照语音同一性鉴定方法，判断检材与样本之间或检材之间的其他声音是否同一。

第八条 录音内容分析。包括依据录音内容辨听方法，结合录音处理和录音同一性鉴定结果，综合分析辨识并整理检材录音所反映的相关内容；依据说话人的口头言语特征，分析说话人的地域、性别、年龄、文化程度、职业等属性。

第九条 录音作品相似性鉴定。包括综合运用录音内容分析、录音同一性鉴定等鉴定技术，通过检材与样本之间或检材之间录音作品的比较检验综合判断是否来源于同一个作品或相似程度。

第三章　图像鉴定

第十条　图像鉴定是指鉴定人运用物理学、信息科学与技术、同一认定理论等原理、方法和专门知识，对检材图像（录像/视频、照片/图片）的真实性、同一性、相似性及所反映的内容等专门性问题进行检验、分析、鉴别和判断并提供鉴定意见的活动。

图像鉴定包括图像处理、图像真实性鉴定、图像同一性鉴定、图像内容分析、图像作品相似性鉴定、特种照相检验等。

第十一条　图像处理。包括依据图像处理方法，对检材图像进行降噪、增强、还原等清晰化处理，以改善视觉效果。

第十二条　图像真实性鉴定。包括依据图像原始性鉴定方法，判断检材图像是否为原始图像；依据图像完整性鉴定方法，判断检材图像是否经过剪辑处理。

第十三条　图像同一性鉴定。包括依据人像同一性鉴定方法，判断检材与样本之间或检材之间记载的人像是否同一；依据物像同一性鉴定方法，判断检材与样本之间或检材之间记载的物体是否同一。

第十四条　图像内容分析。包括依据图像内容分析方法，结合图像处理和图像同一性鉴定结果，综合判断检材图像所记载的人、物的状态和变化情况及事件发展过程，如案事件图像中的人物行为和事件过程、交通事故图像中的交通参与者行为及涉案车辆速度、火灾现场图像中的起火部位及火灾过程等。

第十五条　图像作品相似性鉴定。包括综合运用图像内容分析、图像同一性鉴定等鉴定技术，通过检材与样本之间或检材之间图像作品的比较检验综合判断是否来源于同一个作品或相似程度。

第十六条　特种照相检验。运用特种照相技术，包括红外照相、紫外照相、光致发光照相和光谱成像等技术对物证进行照相检验。

第四章　电子数据鉴定

第十七条　电子数据鉴定是指鉴定人运用信息科学与技术和专门知识，对电子数据的存在性、真实性、功能性、相似性等专门性问题进行检验、分析、鉴别和判断并提供鉴定意见的活动。

电子数据鉴定包括电子数据存在性鉴定、电子数据真实性鉴定、电子数据功能性鉴定、电子数据相似性鉴定等。

第十八条　电子数据存在性鉴定。包括电子数据的提取、固定与恢复及电子数据的形成与关联分析。其中电子数据的提取、固定与恢复包括对存储介质（硬盘、光盘、优盘、磁带、存储卡、存储芯片等）和电子设备（手机、平板电脑、可穿戴设备、考勤机、车载系统等）中电子数据的提取、固定与恢复，以及对公开发布的或经所有权人授权的网络数据的提取和固定；电子数据的形成与关联分析包括对计算机信息系统的数据生成、用户操作、内容关联等进行分析。

第十九条　电子数据真实性鉴定。包括对特定形式的电子数据，如电子邮件、即时通信、电子文档、数据库数据等的真实性或修改情况进行鉴定；依据相应验证算法对特定形式的电子签章，如电子签名、电子印章等进行验证。

第二十条　电子数据功能性鉴定。包括对软件、电子设备、计算机信息系统和破坏性程序的功能进行鉴定。

第二十一条　电子数据相似性鉴定。包括对软件（含代码）、数据库、电子文档等的相似程度进行鉴定；对集成电路布图设计的相似程度进行鉴定。

第五章　附　　则

第二十二条　本规定自公布之日起施行。

附表：声像资料司法鉴定执业分类目录

序号	领域	分领域及项目
1	录音鉴定	0101 录音处理
		0102 录音真实性鉴定
		0103 录音同一性鉴定
		0104 录音内容分析
		0105 录音作品相似性鉴定
2	图像鉴定	0201 图像处理
		0202 图像真实性鉴定
		0203 图像同一性鉴定
		0204 图像内容分析
		0205 图像作品相似性鉴定
		0206 特种照相检验
3	电子数据鉴定	0301 电子数据存在性鉴定
		0302 电子数据真实性鉴定
		0303 电子数据功能性鉴定
		0304 电子数据相似性鉴定

地方司法业务文件

浙江省高级人民法院　浙江省人民检察院　浙江省公安厅

印发《关于办理电信网络诈骗犯罪案件若干问题的解答》的通知

2020年4月24日　　浙高法〔2020〕44号

一、关于电信网络诈骗犯罪的界定问题

1. 问：如何理解掌握电信网络诈骗犯罪的概念？

答：电信网络诈骗犯罪，是指以非法占有为目的，利用电信通讯、互联网等技术手段，向社会公众发布虚假信息或设置骗局，主要通过远程控制，非接触性地诱使被害人交付财物的犯罪行为。

2. 问：该类犯罪一般具有哪些特征？

答：除符合诈骗罪的特征以外，电信网络诈骗犯罪一般应同时具有技术性、非接触性、远程性的特征。其中，技术性是指该类犯罪主要利用电话、短信、互联网等信息交互工具的技术手段。利用广播电台、报刊杂志等方式实施诈骗，一般不认为具有技术性；非接触性是指该类犯罪中行为人与被害人无需面对面接触。实施“线上拉拢，线下骗取”行为的案件属于接触性犯罪，一般不认定为电信网络诈骗；远程性是指该类犯罪中行为人主要利用电信网络技术手段进行远程联系。

二、关于管辖权与分案处理

3. 问：如果多个公安机关对电信网络诈骗案件有管辖权，由何地公安机关管辖较为合适？

答：由最初受理案件的公安机关或者主要犯罪地公安机关立案侦查。有争议的，按照有利于查清犯罪事实、有利于诉讼的原则，由共同上级公安机关指定立案侦查。

4. 问：多个犯罪嫌疑人、被告人实施的犯罪存在关联，是否可并案处理？

答：多个犯罪嫌疑人、被告人实施的犯罪存在关联，并案处理有利于查明案件事实的，公安机关可在其职责范围内并案侦查，需要提请批准逮捕、移送审查起诉、提起公诉的，由该公安机关所在地的人民检察院、人民法院受理，不另行指定管辖。对并案侦查等可能存在管辖权争议的案件，按照指定管辖途径办理。

5. 问：对于人数众多的电信网络诈骗犯罪案件，如何提高办案质量、效率和效果，准确定罪量刑，保障当事人的合法权益？

答：为便于查清犯罪事实，准确定罪量刑，提高办案质效，公安机关和人民检察院在侦查或审查起诉阶段可以对人数众多的电信网络诈骗案件进行拆分。对于已经指定管辖，或者根据本解答管辖权规定不需另行指定管辖的，案件拆分后不再另行指定管辖。

案件拆分应根据案件的实际情况具体处理。可视情分成团伙首要分子、积极参加者以及其他参加者，也可按团队或者小组垂直关系等进行拆分。对可能判处无期徒刑的首要分子及同案审理有利于查明案件事实的积极参加者，需要移送地市级人民检察院审查起诉及中级人民法院审理的，一般应对主案人数有所限制。对涉嫌妨害信用卡管理罪、掩饰、隐瞒犯罪所得罪等轻罪名的其他犯罪嫌疑人、被告人，可不跟随主案移送。

三、与关联犯罪的区分

6. 问：电信网络诈骗犯罪分子经常利用“伪基站”群发短信，该行为构成诈骗罪、破坏公用电信设施罪还是扰乱无线电通讯管理秩序罪？

答：如果行为人通过“伪基站”群发的短信内容不属于诱骗他人处分财产的，一般不以诈骗罪定性。如果该行为，按照相关司法解释，造成“二千以上不满一万用户通信中断一小时以上”，或者“一万以上用户通信中断不满一小时的”，属于通讯线路“截断”，应认定为破坏公用电信设施罪；如果仅造成短暂的手机通讯停滞中断，应认定为扰乱无线电通讯管理秩序罪。

如果行为人通过“伪基站”群发的短信内容虚假，属于诱骗他人处分财产的，构成诈骗罪。如果行为人的行为构成诈骗罪，同时符合破坏公用电信设施罪或扰乱无线电通讯管理秩序罪构成要件的，择一重罪定罪处罚。

7. 问：在电信网络诈骗犯罪中，犯罪分子窃取被害人财物的行为构成诈骗罪、信用卡诈骗罪还是盗窃罪？

答：行为人利用信息网络，诱骗他人点击虚假链接而实际通过预先植入的计算机程序窃取财物构成犯罪的，以盗窃罪定罪处罚。行为人虚构可供交易的商品或者服务，欺骗他人点击付款链接而骗取财物构成犯罪的，以诈骗罪定罪处罚。

行为人窃取或骗取他人信用卡资料后通过互联网、通讯终端等使用的，应按照前述电信网络诈骗的“特征”有关规定，严格认定是否属于电信网络诈骗犯罪。

信用卡诈骗的本质在于非持卡人以持卡人名义使用持卡人的信用卡实施诈骗财物的行为。如果行为人使用木马程序病毒等方式窃取他人信用卡密码并登陆信用卡获取他人卡内数额较大的资金，可认定其行为构成盗窃罪。如果行为人未使用木马程序病毒等方式窃取信用卡密码，而是通过其他途径获知信用卡密码，冒用他人信用卡窃取数额较大的资金，可认定其行为构成信用卡诈骗罪。

8. 问：我国刑法修正案（九）增加了非法利用信息网络罪，如果犯罪分子在互联网上发布诈骗信息，应当认定为非法利用信息网络罪还是诈骗罪（未遂）？

答：行为人如果在信息网络上发布信息系为犯罪活动创造条件，情节严重的，应以非法利用信息网络罪认定。如果该行为同时符合破坏公用电信设施罪或扰乱无线电通讯管理秩序罪构成要件的，择一重罪定罪处罚。行为人如果在信息网络上发布诈骗信息，且达5000条以上，未骗取财物的，可认定为诈骗罪未遂；发布的信息在5000条以下，情节严重的，可认定为非法利用信息网络罪。

四、关于主观故意的认定

9. 问：司法实践中，如何判断和认定电信网络诈骗实行犯主观的“明知”？

答：应按照主客观相统一原则进行认定，根据犯罪嫌疑人、被告人实施犯罪事前、事中、事后的各种客观表现，结合犯罪嫌疑人和被告人的供述及辩解，证人证言，诈骗脚本、诈骗信息内容、账册、分赃记录及手机短信、微信、QQ、skype等通讯工具聊天记录等，进行审查判断。

10. 问：对于提供帮助的犯罪分子，一般如何审查其主观是否具有“明知”？

答：应重点审查其与实施电信网络诈骗的犯罪嫌疑人之间是否存在共谋，或者虽无共谋但是否系明知他人实施犯罪等内容。对于帮助者明知的内容和程度，一般只要有证据能够印证其认识到对方可能实施诈骗犯罪行为即可，并不要求其认识到对方实施犯罪的具体情况。除前一款提到的证据外，还要综合考虑其认知能力、既往经历、行为次数和手段、与实行犯的关系、获利情况、是否曾因电信网络诈骗受过处罚以及是否故意规避调查等情况。

11. 问：**最高人民法院、最高人民检察院、公安部《关于办理电信网络诈骗等刑事案件适用法律若干问题的意见》中规定，帮助电信网络诈骗犯罪分子转账、套现、取现的，如果事前通谋的，应以共同犯罪论处。司法实务中如何认定“事先通谋”？**

答：取款人与电信网络诈骗犯罪团伙之间形成较长时间稳定的“销售”配合模式，可以认定为“事先通谋”。当取款行为与诈骗实行行为呈现交替重叠、循环往复的状态时，即应认定其具备了“对他人实施电信网络诈骗的明知”。

五、关于证据收集与犯罪事实认定

12. 问：**电信网络诈骗犯罪往往涉案人数众多，涉及面广，证据收集难度大，司法实务中如何更好地固定和收集证据？**

答：对于电信网络诈骗犯罪团伙使用的电脑、手机等工具，公安机关应及时扣押并进行数据分析，固定相关证据。对于被害人人数众多的电信网络诈骗案件，可采取远程取证等方式取证。确因客观条件的限制，无法逐一收集被害人陈述的，可以结合已收集的被害人陈述，银行账户交易记录，第三方支付结算账户交易记录等客观性证据，在审查犯罪嫌疑人、被告人及其辩护人所提的辩解辩护意见的基础上，综合认定被害人人数及诈骗数额等犯罪事实。确因客观原因无法联系上被害人，或被害人拒绝作证的，应当记录在案。

13. 问：**对于被害人人数特别多的案件，如何有效地进行取证？是否可以采用抽样取证的方法？**

答：如被害人人数在一百人以上，可对被害人陈述采取抽样取证的方法。公安机关应该重点选取被骗资金量大、空间距离相对较近、被害对象特殊、涉案方法有代表性的被害人作为证据样本，并对抽样情况进行详细论证和说明。人民检察院、人民法院审查认为抽样情况不具有科学性、代表性或全面性的，可以要求公安机关进行补充取证，涉及案件定罪量刑的，公安机关应当补充取证。取证的证据应符合“事实清楚，证据确实、充分，已排除合理怀疑”的证明标准。

六、犯罪数额的认定

14. 问：在电信网络诈骗集团或团伙中，不同层级的人员如何把握和认定犯罪数额？

答：（1）诈骗集团或团伙的首要分子，以诈骗集团或团伙所犯罪行的全部数额认定；诈骗集团或团伙其他主犯，以其参与、组织、指挥的全部犯罪数额认定。

（2）普通业务组长，以其参与期间主管的小组成员诈骗数额总额认定，量刑时参考具体犯罪时间和作用。

（3）普通业务员，原则上认定为从犯并以个人参与的诈骗数额作为量刑依据，同时参考其具体犯罪时间和收入。

（4）被认定为从犯的行政等人员，按照其参与犯罪期间的数额认定，量刑时还应考虑得赃情况。

七、涉案财物的处置

15. 问：司法机关如何认定电信网络诈骗案件中的赃物赃款？赃物赃款应如何处置？处置时应注意哪些原则？

答：电信网络诈骗犯罪涉案财物包括犯罪分子的犯罪所得，犯罪分子用于犯罪的工具和其他具有经济价值的物品等。如果系赃物，以溯源返还为原则；如果系赃款，以统一分配为原则。涉案专门账户内无法说明合理来源的资金，应结合账户是否仅为被告人所控制和使用、涉案账户内资金流水是否发生于电信网络诈骗时间段、被告人是否有其他正当商业行为等综合认定。如确有证据证实涉案账户系被告人合法收入的，应予剔除。第三人善意取得诈骗财物的，不予追缴。

16. 问：侦查机关在查扣涉案资金时，应注意哪些事项？

答：异地进行资金冻结、划转的，公安机关、人民检察院、人民法院应积极协作配合。案件移送给有管辖权的公安机关时，应将相关款项随案移送。公安机关移交银行卡时，一般应同时说明账户信息、卡内余额等。

为查明案件事实、避免遗漏被害人、推进案款退赔，公安机关在侦查时应一并要求被害人提供返还资金申请表、本人身份证复印件、本人银行账号等必要资料信息，并结合电子数据等证据核对被害人的身份及损失金额，制作包括姓名、身份证号码、联系电话、住址、损失金额等信息的清单，附卷随案移送。对确实无法查明身份的人员，可予单列。被害人或资金来源明确的案件，人民法院以节约当事人领款成本为原则，在审查核实被害人身份后，可根据返还资金申请表、身份证复印件、银行账号等必要资料，依法予以发还。

17. 问：在电信网络诈骗共同犯罪中，主犯和从犯是否具有相同的退赔义务？一般应如何掌握？

答：主犯原则上具有共同的退赔义务。首要分子按照犯罪集团所犯罪行的全部数额进行退赃和退赔，其他主犯按其参与、组织、指挥的全部犯罪数额进行退赃和退赔。从犯一般按实际违法所得进行退赃和退赔。被告人主动退赔或其亲友代为退赔的数额超过实际违法所得的，可在量刑时予以酌情从宽处罚。

18. 问：司法机关办理电信网络诈骗案件，对未报案被害人的权益有无保护措施？

答：司法机关可根据被告人供述、银行交易明细以及相关人员电子数据等证据，认定未报案被害人的被骗事实、被骗金额和具体身份。未报案被害人可与其他已报案的被害人享有平等的返还资金的权利。

未报案或案件判决后报案，根据被告人供述、银行交易明细及相关电子数据等能够认定被害人被骗事实及被骗数额，可在案件判决后由被害人向人民法院申请分配查扣的赃款。人民法院依法审核，确认该被害人系交付被骗款项的当事人身份后，可参与分配。

人民法院判决未将未报案的被害人被骗的犯罪事实和被骗金额认定在内的，如案件尚在执行期间，报案数额不影响被告人定罪量刑的，由人民法院依法审核确认报案人是否可参与分配；如已执行终结，依法另行处理。

19. 问：如果被告人退赃数额或查扣钱款超过已查明的被害人被骗钱款总额的，如何处理？

答：该情形下，超过的数额不应冲抵被告人应缴的财产刑。人民法院可与财政等部门协调，设立单独账户接受此类资金留待本案其他被害人报案后，依据公安机关调查查明的事实向人民法院申请，参与专门账户内资金的发还。

八、严格贯彻宽严相济刑事司法政策

20. 问：在我省司法实践中，如何体现对电信网络诈骗犯罪从严惩处？

答：在司法实践中，对电信网络诈骗集团或团伙中股东、团伙核心成员，以及整个团伙中起到组织、管理职责的主管人员等，应当认定为主犯，依法从严惩处，原则上不得减轻处罚，并加大财产刑的惩罚力度。对诈骗工具研发者、诈骗话术编写者、诈骗模式培训者、诈骗业务骨干应结合其在共同犯罪中的地位、作用进行认定，一般不宜认定为从犯。

21. 问：我省在依法打击电信网络诈骗犯罪中，对于一些参与时间短、参与程度不高的犯罪分子如何体现宽严相济的刑事政策中从宽的一面？

答：对于虽明知本人实施的行为是诈骗行为，但系在校学生，毕业后参加工作不久或入职时间不足两个月，没有犯罪前科的人员，应依法从宽处理。

具有上款规定的情形之一，且主动认罪悔罪，退清所得赃款或者协助公安机关抓获其他同案犯的，可由公安机关进行行政处罚，不移送人民检察院审查起诉；已经移送审查起诉的，人民检察院可作不起诉处理；已经移送审判的，人民法院可免予刑事处罚。

对于明知他人实施电信网络诈骗犯罪而提供帮助行为的人员，如领取未明显高于正常固定薪资，情节轻微的，可比照前一款规定依法从宽处理。

22. 问：对于电信网络诈骗案件中犯罪地位明显较低、作用明显较小，仅从事辅助性工作的一些人员是否可以不作犯罪论处？

答：从事辅助性工作的人员以及其他层级较低的人员，直接获利（包括工资、奖金、提成等）金额较小且能积极清退的，可不作犯罪论处；主观上不确切明知电信网络诈骗行为的从事辅助性工作的人员不作犯罪论处。

辽宁省高级人民法院　辽宁省人民检察院　辽宁省公安厅

关于办理危害食品药品安全犯罪案件证据审查与法律适用的指导意见

（2020年7月29日）

为切实保障人民群众身体健康、生命安全，依法惩治危害食品、药品安全犯罪，规范我省办理危害食品、药品安全刑事案件的证据规格、法律适用标准，根据刑法、刑事诉讼法以及“两高”《关于办理危害食品安全刑事案件适用法律若干问题的解释》《关于办理危害药品安全刑事案件适用法律若干问题的解释》等法律、司法解释的相关规定，结合我省办理危害食品、药品安全刑事案件的实际情况，制定本指导意见。

一、关于危害食品、药品安全犯罪的具体内容

1.【危害食品、药品安全犯罪的范围】　本指导意见所称危害食品、药品安全犯罪，主要是指刑法第二编第三章第一节生产、销售伪劣商品罪中规定的生产、销售有毒、有害食品罪（第一百四十四条）、生产、销售不符合食品安全标准的食品罪（第一百四十三条）、生产、销售假药罪（第一百四十一条）、生产、销售劣药罪（第一百四十二条），以及根据刑法第一百四十九条的规定所构成的生产、销售伪劣产品罪（第一百四十条），因实施上述犯罪而

同时构成的非法经营罪（第二百二十五条第一项）与侵犯知识产权罪、以危险方法危害公共安全罪（第一百一十四条、第一百一十五条）、非法行医罪（第三百三十六条）、非法采供血罪（第三百三十四条）等犯罪。

对于危害食品安全犯罪的认定，应以“从农田到餐桌”为判断原则；对于危害药品安全犯罪的认定，应以“从实验室到病房”为判断原则。

二、关于贯彻宽严相济刑事政策

2. 【坚持依法从“严”惩治危害食品药品安全犯罪】　对于危害食品、药品安全犯罪中罪行严重、社会危害性大或者具有法定、酌定从重处罚情节，以及主观恶性深、人身危险性大的被告人、共犯中的主犯，特别是从事食品、药品生产经营活动的生产、经营者，以及在自然灾害、公共卫生事件、社会安全事件等突发事件期间实施危害食品、药品安全犯罪的，要坚决依法从严惩处。

对于情节较轻、社会危害性较小的危害食品、药品安全犯罪，或者具有自首、坦白、立功、从犯、认罪认罚等法定、酌定从宽处罚情节，以及主观恶性相对较小、人身危险性不大的被告人，可以依法从宽处罚。但是，从“宽”适用是对危害食品、药品安全犯罪案件在整体从“严”基础上的相对“从宽”，而非一律从“宽”。对在共同实施危害食品、药品安全犯罪中起到催化、促进作用的帮助犯，以及“常习犯”“常业犯”，或曾因故意犯罪而被判处过刑罚的，如无自首、坦白、立功等法定从宽情节，即使认罪认罚并积极缴纳罚金，也不宜一律予以从宽处罚。

三、关于管辖

3. 【地域管辖】　危害食品、药品安全犯罪案件的地域管辖，应当坚持以犯罪地管辖为主、被告人居住地管辖为辅的原则。“犯罪地”包括“犯罪行为发生地”与“犯罪结果发生地”。其中，实施犯罪行为的生产地、运输地、收购地、储存地、销售地均属于犯罪行为发生地；犯罪所得的实际取得地、藏匿地、转移地以及犯罪造成人身危害后果发生地均属于犯罪结果发生地。对于主要通过利用互联网等信息网络实施危害食品、药品安全犯罪的，犯罪地还包括用于实施犯罪行为的网站服务器所在地，网络接入地，网站建立者、管理者所在地，犯罪嫌疑人、被害人使用的计算机信息系统所在地，被害人被侵害时所在地以及被害人财产遭受损失地等，案件由最初发现、受理的公安机关或者主要犯罪地的公安机关管辖。

4.【指定管辖】 受上级公安机关指定异地侦查的案件，被指定的公安机关具有侦查权。但在案件移送审查起诉时，应当报请有管辖权的上级公安机关在案件移送审查起诉前书面商请同级人民检察院、人民法院指定管辖。同级人民检察院、人民法院应当予以书面答复，并由具有指定管辖权的人民检察院、人民法院，分别作出指定管辖。

对于危害食品、药品安全犯罪涉及犯罪事实存在关联的上下游犯罪，并案侦查后又分案起诉的，对其中犯罪地、住所地均不在当地的犯罪嫌疑人、被告人，就其指定管辖的作出，依前款的规定办理。

四、关于侦查机关应当收集与移送的证据材料

5.【全面收集证据】 侦查机关在办理案件过程中，应当全面收集包括能够证实犯罪嫌疑人有罪或者无罪、罪重或者罪轻的各种证据材料。对需要适用逮捕措施的案件，既要注意收集犯罪嫌疑人是否构成犯罪的证据，又要注意收集犯罪嫌疑人是否具有社会危险性的证据。

6.【全面移送证据】 侦查机关移送审查起诉的案件，除犯罪嫌疑人、被告人的供述、证人证言、物证、书证、视听资料、电子数据，还包括必要时对现场勘验、检查所形成的笔录。对于查获的食品、药品等实物物品，要注意将在销售过程中查获的与在生产环节中所查获的分别标注、送检。对于涉及案件性质认定的，应附行政认定书。必要时，还应委托省级以上具有鉴定、检验资质的鉴定机构、检验检测机构出具鉴定意见、检验报告或检测意见。上述证据以及行政执法机关依法律、行政法规规定程序收集的证据，应全面移送。

人民检察院、人民法院可以要求公安机关补充完善证据，或者出具相关情况说明。

7.【原物、原件移送原则】 移送的物证、书证、视听资料必须是原物、原件。如果原物、原件等原始证据确因客观、法定原因而无法移送的，如易腐烂、变质或大宗不便移动的物品，可以其他可替代的形式如拍照录像、复制品（件）等移送，但应与原物、原件等原始证据保持一致。

8.【其他须移送的证据材料】 侦查卷宗还应附案件来源、情况说明、发破案经过等材料。对于被依法拘留、逮捕的犯罪嫌疑人、被告人，须附相关采取强制措施的程序性手续材料。对于犯罪嫌疑人、被告人具有自首、立功情节的，侦查机关应当出具相关情况说明。

五、关于证据审查认定

9.【坚持证据裁判原则，充分发挥司法能动性办理案件】

坚持“证据裁判原则”、坚持“以证据为中心”办理危害食品、药品安全刑事案件。要根据案件实际情况、案件特点、犯罪地点以及销售、运输、储存等环节是否易于监管等因素，并结合社会生活常识经验、逻辑，综合运用证据予以审查判断。

10.【证据审查认定原则】 对证据的综合审查认定，是对主要的特别是关键性证据所进行的审查与认定。在在案证据确实、充分并能排除合理怀疑的基础上，应予以认定，以切实实现对危害食品、药品安全犯罪进行严厉的处罚。

11.【“行政认定”的证据种类及其审查认定】 对于危害食品、药品安全的刑事案件，就是否属于刑法第一百四十一条、第一百四十二条、第一百四十条规定的“假药”“劣药”、物品是否为“以次充好”“以假充真”或者“以不合格产品冒充合格产品”等“伪劣”性质的认定，应由设区的市负责监管食品药品的行政管理机关以及根据法律规定、行政法规规定行使国家行政管理职权的组织（以下统称“行政机关”）出具行政认定书。

行政机关出具的行政认定书，是书证。

对于行政机关内部工作人员以个人名义出具的认定，未加盖单位公章的，不是行政认定。

12.【“鉴定意见”与“检验报告”“检测意见”的规范要求及其审查认定】 对于生产、销售有毒、有害食品，不符合安全标准的食品的刑事案件，就是否属于刑法第一百四十四条、第一百四十三条规定的“有毒、有害非食品原料”“足以造成严重食物中毒事故或者其他严重食源性疾病”，除“属于国家为防控疾病等特殊需要明令禁止生产、销售”等可以直接认定的，应由省级以上具有鉴定资质的司法鉴定机构鉴定或省级以上食品监督管理部门设置或者确定的食品检验机构检验，并出具鉴定意见、检验报告或检测意见。

司法鉴定机构应在鉴定意见上加盖司法鉴定专用章，省级以上食品监督管理部门设置或者确定的食品检验机构应在检验报告或检测意见上加盖其单位公章。鉴定人、检验人应在鉴定意见、检验报告或检测意见上签名或加盖其个人名章。前述鉴定、检验机构还应在其鉴定意见、检验报告之后附鉴定、检验机构及其鉴定人、检验人的鉴定、检验资质的复印件，并加盖单位公章。

对于鉴定意见、检验报告或检测意见，应当结合其他证据作能否相互印证、是否矛盾等综合审查判断。对于经检验属于国家法律、行政法规禁止在食品中添加、使用的物质，以及国务院有关部门公布的《食品中可能违法添加的非食用物质名单》《保健食品中可能非法添加的物质名单》上的物质或公告禁止使用的农药、兽药与其他危害人体健康的有毒、有害物质，可直接认定为“有毒、有害的非食品原料”，无需另作鉴定。对于经检验属于含有严重超出标准限量、致命性微生物、农药残留、兽药残留、重金属、污染物质以及其他危害人体健康的物质，或者属于病死、死因不明或者检验检疫不合格的畜、禽、兽、水产动物及其肉类、肉类制品，以及婴幼儿食品中生长发育所需营养成分严重不符合食品安全标准等其他足以造成严重食物中毒事故或者严重食源性疾病的，可直接认定为“足以造成严重食物中毒事故或者其他严重食源性疾病”，也无需另作鉴定。

对于“有毒、有害非食品原料”“足以造成严重食物中毒事故或者其他严重食源性疾病”难以确定的，可以根据检验报告或检测意见并结合专家意见等相关材料进行认定。必要时，应当依法通知有关专家出庭作出说明。

对于本指导意见第11条中关于“假药”“劣药”等专门性问题的认定，必要时，也可委托省级以上药品监督管理部门设置或者确定的药品检验机构就其成份、含量、真伪、是否变质、被污染等进行检验并出具检验报告或检测意见。相关审查认定要求根据前四款的规定办理。

13.【检测物、抽样检测及其样本保留审查】 用于鉴定或检验的涉案物品必须是原物。

对同一批次或者同一类型的涉案食品、药品，如因数量较大等原因，无法进行全部检验检测，根据办案需要，可以依法进行抽样检验检测。公安机关、人民检察院、人民法院对符合行政执法规范要求的抽样检验检测结果予以认可，可以作为该批次或该类型全部涉案产品的检验检测结果。

公安机关在办理危害食品、药品安全刑事案件中，对容易腐烂、变质以及其他不宜长期保存的涉案食品、原料等物品，需要检验检测的，应按照规定程序及时提取样品送检，并同时告知犯罪嫌疑人因涉案物品容易腐烂、变质或者不宜长期保存，要求复检或重新认定的应当在涉案物品腐烂、变质之前提出申请，上述告知内容应当制作笔录。

14.【检验报告、检测意见的实质认定及其书证转化适用】 对于不符合证据程序法定要求的鉴定意见、检验报告或检测意见，或其内容不能证实检出含有“有毒”“有害”物质的，对被告人不能以生产、销售有毒、有害食品罪论处。

如果上述由省级以上食品监督管理部门设置或者确定的食品检验机构出具的检验报告或检测意见，虽未能证实检出“有毒”“有害”物质，但其形式、内容符合“行政认定”等书证要求的，应根据其内容实质作是否属于“行政认定”的认定。在此基础上，可以生产、销售伪劣产品罪论处。

15.【被侵权产品生产商出具的“鉴定意见”“检验报告”“检测意见”

性质及其审查认定】 对于生产、销售假冒知名品牌白酒、葡萄酒、啤酒等酒类以及饮料的，可由该产品生产商就涉案产品出具“鉴定意见”“检验报告”或“检测意见”。

上述“鉴定意见”“检验报告”或“检测意见”是被害人陈述，具有相当于鉴定意见的证明力，可以作为主要的定案证据使用。

16.【对行政机关收集的犯罪嫌疑人、被告人计算机中保存的电子邮件等电子数据审查认定】 行政机关在执法和查办案件过程中收集的犯罪嫌疑人、被告人计算机中保存的电子邮件、电子文档、网上聊天记录或手机短信等证据材料，属于电子数据，在刑事诉讼中可作为证据使用。

审查电子数据，应当注意审查其原始存储介质与复制介质之间有无人为中断、删除、修改、增加等情形。

犯罪嫌疑人、被告人基于规避打击而故意删除、破坏的电子数据，侦查机关通过技术措施恢复的，可以作为证据使用。存有疑问且该疑问根据自身知识经验不能排除的，应当鉴定、检验。必要时，可要求鉴定、检验人员出庭质证。经审查仍无法确定真伪、制作或取得时间、地点、方式仍存有疑问，办案机关不能提供必要证明或者作出合理解释的，不能作为定案的依据。

对犯罪嫌疑人、被告人的微信记录以及通过其他软件程序登陆的电子数据的审查认定，依照前三款的规定办理。

17.【对台账、账簿等证据的审查认定】 具有食品、药品生产、销售资质的犯罪嫌疑人、被告人，在实施危害食品、药品安全犯罪时也生产、销售符合标准的物品，并记录在同一台账、账簿之中，对其犯罪数额、违法所得、涉案数量无法准确分析、认定的，应由办案机关委托鉴定、检验机构予以审计并作出鉴定意见或审计报告。

对于上述台账、账簿的客观性、真实性与关联性，要注意结合被告人在侦查机关的初始供述、同案犯供述、证人证言、物证、其他书证等证据综合审查认定。

六、关于法律适用

（一）关于办理案件的一般规则

18.【对刑法第一百四十九条的理解适用及与其他犯罪成立想象竞合犯关系的处理原则】 刑法第一百四十条规定的生产、销售伪劣产品罪与刑法第一百四十四条规定的生产、销售有毒、有害食品罪、第一百四十三条规定的生产、销售不符合安全标准的食品罪、第一百四十一条规定的生产、销售假药罪、第一百四十二条规定的生产、销售劣药罪等四种犯罪之间，是一般法条与特殊法条的关系。根据刑法第一百四十九条规定的法条竞合与重法条优先适用于轻法条，虽不构成特殊罪但构成一般生产、销售伪劣产品罪的得适用后者的三种规则，以及刑法本身所蕴含的在成立想象竞合犯（或牵连犯）的场合择一重罪处罚的基本原则，故生产、销售伪劣产品罪、非法经营罪、侵犯知识产权罪、虚假广告罪，以及以危险方法危害公共安全罪、走私罪、非法行医罪等，对于危害食品、药品安全犯罪均可适用。

（二）关于在食品中掺入“有毒”“有害”非食品原料的具体认定

19.【对添加“有毒”“有害”非食品原料的传统型犯罪认定】 对在食品或饲料中非法添加“三聚氰胺”“瘦肉精”“苏丹红”、罂粟壳类等物品，以及用餐厨废垃圾、废弃油脂、各类肉及肉制品加工废弃物等非食品原料生产、加工、销售“地沟油”的，构成生产、销售有毒、有害食品罪。

对以传统方法制作并销售“卤水豆腐”等传统食品的，如并未对消费者的生命、身体健康权益造成危害，根据法益保护实质判断原则，不构成生产、销售有毒、有害食品罪。

20.【对生产、销售“毒豆芽”的犯罪认定】 以西药等有毒害性的物质作为催生豆芽成长的生长剂的，构成生产、销售有毒、有害食品罪。

21.【向生猪、牛、羊等注水同时注射盐酸肾上腺素等药物的犯罪认定】 向待屠宰的猪、牛、羊等活体动物注水同时注射盐酸肾上腺素、硫酸阿托品等抗休克药物的，构成生产、销售有毒、有害食品罪。但是，在动物体内或在该动物肉制品中未检出含有盐酸肾上腺素、硫酸阿托品等抗休克药物，难以确定属于“毒害性强或者含量高的”，应当结合案件其他证据情况，根据本指导意见第14条的规定，可以生产、销售不符合安全标准的食品罪或生产、销售伪劣产品罪论处。

向待屠宰的猪、牛、羊等活体动物或向已屠宰的动物肉制品中注水、注入食用胶等物质的，可以生产、销售伪劣产品罪论处。

22.【加工销售“含铝泡打粉”包子等非油炸食品的处理认定】 对在面粉中添加为国家所明令禁止的酸性磷酸铝钠、硅铝酸钠和辛烯基琥珀酸铝淀粉用于食品添加剂生产、经营和使用的，以及在膨化食品生产中使用含铝食品添加剂、在小麦粉及其制品［除油炸面制品、面糊（如用于鱼和禽肉的拖面糊）、裹粉、煎炸粉外］生产中使用硫酸铝钾和硫酸铝铵的，构成生产不符合安全标准的食品罪。生产上述食品并销售的，构成生产、销售不符合安全标准的食品罪。但如无证据证实对消费者的生命、身体健康权益已造成严重损害后果的，应着重考虑其涉案销售数额是否已经达到应予刑罚惩处的程度，并严格控制对此类案件适用刑罚。

23.【向水产品中非法添加工业用甲醛或掺入过量食用胶的认定】 以工业用甲醛等非食品原料等浸泡海带、“海凉粉”等水产品或水产制品的，构成生产、销售有毒、有害食品罪。

对经营水产品的销售商，以增重为目的，向冰鲜鱼、贝类中掺入过量食用胶等无毒害物质的，以生产、销售伪劣产品罪论处。

（三）关于修订后的药品管理法对销售“形式假药”的处理认定问题

24.【对“未经许可销售进口药品”的行为处理问题】 2019年12月1日修订的药品管理法正式施行后，已经取消对于“按照假药论处的情形”的认定规定。由于本罪系行政犯，故对未经许可销售进口药品的行为，在刑法对此修订之前，不宜再以销售假药罪对之处罚。对于符合非法经营罪、走私普通货物罪或走私国家禁止进出口货物罪的，可按相应犯罪处理。但是，未经许可所销售的进口药品属于修订后药品管理法第九十八条规定的假药、劣药的除外。

25.【对销售依传统民间配方制作药品的处理】 销售少量根据民间传统配方私自加工的药品，且没有造成他人伤害后果或者延误诊治的，可不作为犯罪处理。

具有中医执业证书的人员，且在许可当地从业期间向其患者销售自行加工、配制的药品，如未造成严重后果或具有其他严重情节，虽然数量大，原则上可不作为犯罪处理。

26.【生产、销售假“性药”与含有“西布曲明”减肥药的犯罪认定】 在生产、销售的保健品中经检验含有禁止添加的“西布曲明”等西药成分的，应以生产、销售有毒、有害食品罪定罪处罚。但生产、销售假“性药”的，如果其中含有国家禁止非法添加的“西地那非”等药物成分的，以生产、销售假药罪定罪处罚。对于既构成生产、销售有毒、有害食品罪，同时又构成生产、销售假药罪的，根据本指导意见第18条关于成立想象竞合犯的处理原则，从一重处。

（四）关于“主观明知”的认定

27.【主观明知的认定】 对实施危害食品、药品安全犯罪的行为人，应结合行为人的从业经历、认知能力、产品质量、进货渠道及价格、销售渠道及价格以及生产、销售方式等事实综合判断认定其主观明知。具有下列情形之一，可以认定行为人有实施危害食品、药品安全犯罪的主观明知，但有证据证明确实不明知的除外：

（1）受过相关从业资格培训、岗前培训，或者行政执法机关以书面、会议培训方式明确告知其禁止实施相关行为，仍实施该行为的；

（2）以明显低于市场批发价购进或者以明显低于市场正常价格销售的；

（3）向不具有资质的生产者、销售者购买，且不能提供所购买食品、药品合法有效的来历证明，或者提供虚假证明文件的；

（4）使用隐秘的方式储存、生产或运输以逃避执法机关检查的；

（5）被群众举报或执法机关检查后转移、毁灭、隐匿物证、财务账册、进销货记录等证据，或者与他人串供、订立“攻守同盟”的；

（6）明知生产、销售的食品、药品被消费者投诉存在不良反应或其他危害后果，继续生产、销售的；

（7）曾因实施危害食品、药品安全违法行为受过刑事处罚、行政处罚或警示教育，或者明知同业者受过刑事处罚或者行政处罚，又实施同类行为的；

（8）其他应当认定为明知的情形。

（五）关于犯罪数额与犯罪既未遂的参照认定

28.【生产、销售金额与犯罪既未遂的参照比对适用】 对犯罪既未遂并存的危害食品、药品安全犯罪案件，就其犯罪未遂的涉案货值部分，可将其与犯罪既遂部分的销售金额作三倍折算，并比照相关刑法、司法解释规定的入罪、量刑规则的数额标准考量刑罚的具体适用后，择一重处。就未考量部分，应作为酌定从重处罚情节。

（六）关于财产刑的适用

29.【罚金刑判处】 对于危害食品、药品安全犯罪案件的被告人，应结合其犯罪数额、违法所得以及其实际缴纳罚金能力等决定罚金的判处。一般应当依法判处生产、销售金额二倍以上的罚金。共同犯罪的，对各共同犯罪人合计判处罚金应当在生产、销售金额二倍以上。单位犯罪的，对被告单位及其主管责任人员、直接责任人员合计判处罚金也应当在生产、销售金额二倍以上。

行政执法机关已就同一事实对被告人处以罚款的，不影响罚金的判处。但人民法院在判处罚金时应当折抵，扣除行政处罚已执行的部分。

（七）关于刑事附带民事诉讼

30.【刑事附带民事诉讼的提起】 因被告人实施危害食品、药品安全犯罪而遭受人身损害、财产损害的被害人，可在刑事案件审理过程中提起附带民事诉讼。对于被害人人数众多、且诉讼标的为同一种类的，可以推举或指定诉讼代表人参加诉讼。人民检察院也可同时对被告人提起附带民事公益诉讼。

31.【刑事附带民事公益诉讼相关判决限制】 检察机关对危害食品、药品安全犯罪案件提起附带民事公益诉讼的，人民法院应依法审理并作出判决。

但涉及消费者个人隐私的，不宜判决责令被告人在公开媒体上登报道歉。对消费者明知掺有毒品的食品而购买并消费，如该消费者并非基于举报等违法阻却事由的，不应判决责令被告人道歉。

（八）关于从业禁止令的建议、法律适用

32.【建议判决从业禁止】 人民检察院在对实施危害食品、药品安全犯罪的被告人提起公诉时，对于符合刑法第三十七条之一规定的，应当提出适用从业禁止措施的建议。

公安机关在侦查终结后、移送审查起诉时，也可向人民检察院提出对犯罪嫌疑人适用从业禁止措施的建议。

33.【判决从业禁止】 对于因实施危害食品、药品安全犯罪而被判处刑罚的被告人，人民法院应当根据刑法第三十七条之一第三款的规定，同时判决禁止其从事该生产经营活动。

对在2018年12月29日之前实施危害食品安全犯罪的被告人，应当依照2009年食品安全法第九十二条的规定，判决其自刑罚执行完毕或假释之日起五年内不得从事食品生产经营管理工作；判处缓刑的，判决其自判决作出之日起五年内不得从事食品生产经营管理工作。对在2018年12月29日之后因实施危害食品安全犯罪而被判处有期徒刑以上刑罚的被告人，应当依照2018年12月29日修正后食品安全法第一百三十五条的规定，判决其终身不得从事食品生产经营管理工作，也不得担任食品生产经营企业食品安全管理人员；对被判处管制、拘役的被告人，可依照2018年12月29日修正后食品安全法第一百三十五条的规定，判决其在管制期间内或自拘役执行完毕或假释之日起五年内不得从事食品生产经营管理工作，也不得担任食品生产经营企业食品安全管理人员；对被判处拘役宣告缓刑的，可判决其自判决作出之日起五年内不得从事食品生产经营管理工作。对在2018年12月29日之前开始实施危害食品安全犯罪，但在2018年12月29日之后继续实施危害食品安全犯罪的，应当依照2018年12月29日修正后食品安全法第一百三十五条的规定，判决其终身不得从事食品生产经营管理工作，也不得担任食品生产经营企业食品安全管理人员。

对在 2019 年 12 月 1 日之前犯生产、销售假药罪，生产、销售劣药罪的被告人，应当根据 2015 年 4 月 24 日修正的药品管理法第七十五条的规定，判决其自刑罚执行完毕或假释十年内不得从事药品生产经营活动；判处缓刑的，判决其自判决作出之日起十年内不得从事药品生产经营管理工作。对在 2019 年 12 月 1 日之后犯生产、销售假药罪，生产、销售劣药罪的被告人，应当根据 2019 年 12 月 1 日施行的修订后药品管理法第一百一十八条的规定，判决其终身禁止从事药品生产经营活动；对在 2019 年 12 月 1 日之前开始实施生产、销售假药犯罪，生产、销售劣药犯罪，但在 2019 年 12 月 1 日之后仍继续实施生产、销售假药犯罪，生产、销售劣药犯罪的被告人，也应当根据 2019 年 12 月 1 日施行的修订后药品管理法第一百一十八条的规定，判决其终身禁止从事药品生产经营活动。

上述第二、三款规定，并适用于虽以生产、销售伪劣产品罪、非法经营罪、侵犯知识产权罪、以危险方法危害公共安全罪等其他犯罪定罪处罚，但系危害食品、药品安全犯罪的被告人。对于危害食品、药品安全犯罪的认定，根据本指导意见第 1 条、第 18 条的规定办理。

（九）关于单位犯罪的审理

34.【单位犯罪的认定】　认定被告单位是否成立危害食品、药品安全犯罪，应根据是否“以单位名义实施”“体现单位集体决策意志”“利益归属于单位”等要素进行综合判断。

35.【对未起诉被告单位的处理】　对单位实施危害食品、药品安全犯罪，而检察机关未起诉单位为被告的，一审法院应当建议其一并追加起诉。但在起诉前该单位已被责令解散、吊销许可证或注册证书的除外。

经建议后检察机关仍不追加的，不再建议。但在判决时对在案的被告人仍应以单位的主管负责人员、直接负责人员而认定其犯罪地位、作用。

（十）关于诉审认识分歧案件的处理

36.【对检察机关提出适用非监禁刑量刑建议的处理】　检察机关依职权对被告人提出适用缓刑、免予刑事处罚等非监禁刑的量刑意见，人民法院要坚持依法公正的裁判原则予以认真审查。对于认罪认罚案件，如果人民法院经审理认为对被告人判处非监禁刑明显不当的，应当告知检察机关可以调整量刑建议，人民法院认为调整后的量刑建议适当的，应当予以采纳；检察机关不调整量刑建议或者调整后仍然明显不当的，人民法院应当依法作出判决。

七、关于“行刑衔接”

37.【联席会议制度机制】　各地人民法院应与本地的人民检察院、公安机关建立长期的办理危害食品、药品安全犯罪案件的联席会议制度。通过联席会议，及时解决案件中存在的重大认识分歧、法律适用疑难复杂等问题。必要时，可由公安机关组织召集当地负责食品药品监管的行政执法机关一并参加，或者共同组建联席会议。

公安机关、人民检察院、人民法院可就案件中的专门性问题，直接咨询或函商行政机关。

38.【着力推进“行刑衔接”与协作配合工作】　为进一步健全食品行政执法与刑事司法衔接工作，加大对食品药品领域违法犯罪行为打击力度，2017年6月16日省食药监督管理局、省公安厅、省法院、省检察院、省政府食品安全委员会办公室共同会签了《辽宁省食品药品行政执法与刑事司法衔接工作办法实施细则》，各地人民法院、人民检察院、公安机关应参照执行，并积极加强与行政执法机关协作配合，切实落实“行刑衔接”，以形成打击危害食品、药品安全犯罪合力。

39.【司法建议】　人民法院对在审判中发现的行政执法问题，可向相关行政机关发出司法建议。行政机关应就建议函中所提问题，及时回复其整改措施、反馈意见。

40.【判决结果通告】　对于已经发生法律效力的危害食品、药品安全犯罪的刑事判决，一审人民法院应及时送达各地食品（药品）安全办或相关食品药品监管部门，并及时将裁判文书上网，以便于行政执法机关及时掌握审判情况，实现信息共享，确保从业禁止的落实执行。对于确因特殊原因而无法直接送达的，可通过检察机关或公安机关转交当地相关食品药品监管机构。

八、附则

41.【生效时间】 本指导意见自公布之日起施行。

指导性案例

最高人民检察院

发布第二十批指导性案例

（2020 年 7 月 21 日）

2020 年 7 月 21 日上午，最高人民检察院召开以“提升职务犯罪检察品质为反腐败斗争贡献检察力量”为主题的新闻发布会，发布最高人民检察院第二十批指导性案例。

浙江省某县图书馆及赵某、徐某某单位受贿、私分国有资产、贪污案

（检例第 73 号）

【关键词】

单位犯罪　追加起诉　移送线索

【要旨】

人民检察院在对职务犯罪案件审查起诉时，如果认为相关单位亦涉嫌犯罪，且单位犯罪事实清楚、证据确实充分，经与监察机关沟通，可以依法对犯罪单位提起公诉。检察机关在审查起诉中发现遗漏同案犯或犯罪事实的，应当及时与监察机关沟通，依法处理。

【基本案情】

被告单位：浙江省某县图书馆，全额拨款的国有事业单位。

被告人：赵某，男，某县图书馆原馆长。

被告人：徐某某，男，某县图书馆原副馆长。

（一）单位受贿罪。2012年至2016年，为提高福利待遇，经赵某、徐某某等人集体讨论决定，某县图书馆通过在书籍采购过程中账外暗中收受回扣的方式，收受A书社梁某某、B公司、C图书经营部潘某某所送人民币共计36万余元，用于发放工作人员福利及支付本单位其他开支。

（二）私分国有资产罪。2012年至2016年，某县图书馆通过从A书社、B公司、C图书经营部虚开购书发票、虚列劳务支出、采购价格虚高的借书卡等手段套取财政资金63万余元，经赵某、徐某某等人集体讨论决定，将其中的56万余元以单位名义集体私分给本单位工作人员。

（三）贪污罪。2015年，被告人徐某某利用担任某县图书馆副馆长，分管采购业务的职务之便，通过从C图书经营部采购价格虚高的借书卡的方式，套取财政资金3.8万元归个人所有。

【检察工作情况】

（一）提前介入提出完善证据体系意见，为案件准确定性奠定基础。某县监察委员会以涉嫌贪污罪、受贿罪对赵某立案调查，县人民检察院提前介入后，通过梳理分析相关证据材料，提出完善证据的意见。根据检察机关意见，监察机关进一步收集证据，完善了证据体系。2018年9月28日，县监察委员会调查终结，以赵某涉嫌单位受贿罪、私分国有资产罪移送县人民检察院起诉。

（二）对监察机关未移送起诉的某县图书馆，直接以单位受贿罪提起公诉。某县监察委员会对赵某移送起诉后，检察机关审查认为，某县图书馆作为全额拨款的国有事业单位，在经济往来中，账外暗中收受各种名义的回扣，情节严重，根据刑法第三百八十七条之规定，应当以单位受贿罪追究其刑事责任，且单位犯罪事实清楚，证据确实充分。经与监察机关充分沟通，2018年

11月12日，县人民检察院对某县图书馆以单位受贿罪，对赵某以单位受贿罪、私分国有资产罪提起公诉。

（三）审查起诉阶段及时移送徐某某涉嫌贪污犯罪问题线索，依法追诉漏犯漏罪。检察机关对赵某案审查起诉时，认为徐某某作为参与集体研究并具体负责采购业务的副馆长，属于其他直接责任人员，也应以单位受贿罪、私分国有资产罪追究其刑事责任。同时，在审查供书商账目时发现，其共有两次帮助某县图书馆以虚增借书卡制作价格方式套取财政资金，但赵某供述只套取一次财政资金用于私分，检察人员分析另一次套取的3.8万元财政资金很有可能被经手该笔资金的徐某某贪污，检察机关遂将徐某某涉嫌贪污犯罪线索移交监察机关。监察机关立案调查后，通过进一步补充证据，查明了徐某某参与单位受贿、私分国有资产以及个人贪污的犯罪事实。2018年11月16日，县监察委员会调查终结，以徐某某涉嫌单位受贿罪、私分国有资产罪、贪污罪移送县人民检察院起诉。2018年12月27日，县人民检察院对徐某某以单位受贿罪、私分国有资产罪、贪污罪提起公诉。

2018年12月20日，某县人民法院以单位受贿罪判处某县图书馆罚金人民币20万元；以单位受贿罪、私分国有资产罪判处赵某有期徒刑一年二个月，并处罚金人民币10万元。2019年1月10日，某县人民法院以单位受贿罪、私分国有资产罪、贪污罪判处徐某某有期徒刑一年，并处罚金人民币20万元。

【指导意义】

（一）检察机关对单位犯罪可依法直接追加起诉。人民检察院审查监察机关移送起诉的案件，应当查明有无遗漏罪行和其他应当追究刑事责任的人。对于单位犯罪案件，监察机关只对直接负责的主管人员和其他直接责任人员移送起诉，未移送起诉涉嫌犯罪单位的，如果犯罪事实清楚，证据确实充分，经与监察机关沟通，检察机关对犯罪单位可以依法直接提起公诉。

（二）检察机关在审查起诉中发现遗漏同案犯或犯罪事实的，应当及时与监察机关沟通，依法处理。检察机关在审查起诉中，如果发现监察机关移送起诉的案件遗漏同案职务犯罪人或犯罪事实的，应当及时与监察机关沟通，依法处理。如果监察机关在本案审查起诉期限内调查终结移送起诉，且犯罪事实清楚，证据确实充分的，可以并案起诉。如果监察机关不能在本案审查起诉期限内调查终结移送起诉，或者虽然移送起诉，但因案情重大复杂等原因不能及时审结的，也可分案起诉。

【相关规定】

《中华人民共和国刑法》第三十条，第三十一条，第三百八十二条第一款，第三百八十三条第一款第一项、第三款，第三百八十七条，第三百九十六条第一款

《中华人民共和国刑事诉讼法》第一百七十六条

《中华人民共和国监察法》第三十四条

李某某贪污案

（检例第74号）

【关键词】

违法所得没收程序　犯罪嫌疑人到案　程序衔接

【要旨】

对于贪污贿赂等重大职务犯罪案件，犯罪嫌疑人、被告人逃匿，在通缉一年后不能到案，如果有证据证明有犯罪事实，依照刑法规定应当追缴其违法所得及其他涉案财产的，应当依法适用违法所得没收程序办理。违法所得没收裁定生效后，在逃的职务犯罪嫌疑人自动投案或者被抓获，监察机关调查终结移送起诉的，检察机关应当依照普通刑事诉讼程序办理，并与原没收裁定程序做好衔接。

【基本案情】

被告人：李某某，男，江西省上饶市鄱阳县财政局经济建设股原股长。

2006年10月至2010年12月间，李某某利用担任鄱阳县财政局经济建设股股长管理该县基本建设专项资金的职务便利，伙同该股副股长张某华（已

判刑）、鄱阳县农村信用联社城区信用社主任徐某堂（已判刑）等人，采取套用以往审批手续、私自开具转账支票并加盖假印鉴、制作假银行对账单等手段，骗取鄱阳县财政局基建专项资金共计人民币9400万元。除李某某与徐某堂赌博挥霍及同案犯分得部分赃款外，其余赃款被李某某占有。李某某用上述赃款中的人民币240余万元为其本人及家人办理了移民新加坡的手续及在新加坡购置房产；将上述赃款中的人民币2700余万元通过新加坡中央人民币汇款服务私人有限公司兑换成新加坡元，转入本人及妻子在新加坡大华银行的个人账户内。后李某某夫妇使用转入个人账户内的新加坡元用于购买房产及投资，除用于项目投资的150万新加坡元外，其余均被新加坡警方查封扣押，合计540余万新加坡元（折合人民币约2600余万元）。

【检察工作情况】

（一）国际合作追逃，异地刑事追诉。2011年1月29日，李某某逃往新加坡。2011年2月13日，鄱阳县人民检察院以涉嫌贪污罪对李某某立案侦查，同月16日，上饶市人民检察院以涉嫌贪污罪对李某某决定逮捕。中新两国未签订双边引渡和刑事司法协助条约，经有关部门充分沟通协商，决定依据两国共同批准加入的《联合国反腐败公约》和司法协助互惠原则，务实开展该案的国际司法合作。为有效开展工作，中央追逃办先后多次组织召开案件协调会，由监察、检察、外交、公安、审判和司法行政以及地方执法部门组成联合工作组先后8次赴新加坡开展工作。因中新两国最高检察机关均被本国指定为实施《联合国反腐败公约》司法协助的中央机关，其中6次由最高人民检察院牵头组团与新方进行工作磋商，拟定李某某案国际司法合作方案，相互配合，分步骤组织实施。

2011年2月23日，公安部向国际刑警组织请求对李某某发布红色通报，并向新加坡国际刑警发出协查函。2011年3月初，新加坡警方拘捕李某某。随后新加坡法院发出冻结令，冻结李某某夫妇转移到新加坡的涉案财产。2012年9月，新加坡总检察署以三项“不诚实盗取赃物罪”指控李某某。2013年8月15日，新加坡法院一审判决认定对李某某的所有指控罪名成立，判处其十五个月监禁。

（二）适用特别程序，没收违法所得。李某某贪污公款9400万元人民币的犯罪事实，有相关书证、证人证言及同案犯供述等予以证明。根据帮助李某某办理转账、移民事宜的相关证人证言、银行转账凭证复印件、新加坡警方提供的《事实概述》、新加坡法院签发的扣押财产报告等证据，能够证明被新加坡警方查封、扣押、冻结的李某某夫妇名下财产，属于李某某贪污犯罪违法所得。

李某某在红色通报发布一年后不能到案，2013年3月6日，上饶市人民检察院向上饶市中级人民法院提出没收李某某违法所得申请。2015年3月3日，上饶市中级人民法院作出一审裁定，认定李某某涉嫌重大贪污犯罪，其逃匿新加坡后被通缉，一年后未能到案。现有证据能够证明，被新加坡警方扣押的李某某夫妇名下财产共计540余万新加坡元，均系李某某的违法所得，依法予以没收。相关人员均未在法定期限内提出上诉，没收裁定生效。2016年6月29日，新加坡高等法院作出判决，将扣押的李某某夫妇名下共计540余万新加坡元涉案财产全部返还中方。

（三）迫使回国投案，依法接受审判。为迫使李某某回国投案，中方依法吊销李某某全家四人中国护照并通知新方。2015年1月，新加坡移民局作出取消李某某全家四人新加坡永久居留权的决定。2015年2月2日，李某某主动写信要求回国投案自首。2015年5月9日，李某某被遣返回国，同日被执行逮捕。2015年12月30日，上饶市人民检察院以李某某犯贪污罪，向上饶市中级人民法院提起公诉。2017年1月23日，上饶市中级人民法院以贪污罪判处李某某无期徒刑，剥夺政治权利终身，并处没收个人全部财产。扣除同案犯徐某堂等人已被追缴的赃款以及依照违法所得没收程序裁定没收的赃款，剩余赃款继续予以追缴。

【指导意义】

（一）对于犯罪嫌疑人、被告人逃匿的贪污贿赂等重大职务犯罪案件，符合法定条件的，人民检察院应当依法适用违法所得没收程序办理。对于贪污贿赂等重大职务犯罪案件，犯罪嫌疑人、被告人逃匿，在通缉一年后不能到案，如果有证据证明有犯罪事实，依照刑法规定应当追缴其违法所得及其他涉案财产的，人民检察院应当依法向人民法院提出没收违法所得的申请，促进追赃追逃工作开展。

（二）违法所得没收裁定生效后，犯罪嫌疑人、被告人到案的，人民检察院应当依照普通刑事诉讼程序审查起诉。人民检察院依照特别程序提出没收违法所得申请，人民法院作出没收裁定生效后，犯罪嫌疑人、被告人自动投案或者被抓获的，检察机关应当依照普通刑事诉讼程序进行审查。人民检察院审查后，认为犯罪事实清楚，证据确实充分的，应当向原作出裁定的人民法院提起公诉。

（三）在依照普通刑事诉讼程序办理案件过程中，要与原违法所得没收程序做好衔接。对扣除已裁定没收财产后需要继续追缴违法所得的，检察机关应当依法审查提出意见，由人民法院判决后追缴。

【相关规定】

《中华人民共和国刑法》第五十七条第一款，第五十九条，第六十四条，第六十七条第一款，第三百八十二条第一款，第三百八十三条第一款第三项

《中华人民共和国刑事诉讼法》（2012 年 3 月 14 日修正）第十七条，第二百八十条，第二百八十一条，第二百八十二条，第二百八十三条

《中华人民共和国监察法》第四十八条

《最高人民法院、最高人民检察院关于办理贪污贿赂刑事案件适用法律若干问题的解释》第三条第一款，第十九条第一款

《最高人民法院、最高人民检察院关于适用犯罪嫌疑人、被告人逃匿、死亡案件违法所得没收程序若干问题的规定》

金某某受贿案

（检例第75号）

【关键词】

职务犯罪　认罪认罚　确定刑量刑建议

【要旨】

对于犯罪嫌疑人自愿认罪认罚的职务犯罪案件，应当依法适用认罪认罚从宽制度办理。在适用认罪认罚从宽制度办理职务犯罪案件过程中，检察机关应切实履行主导责任，与监察机关、审判机关互相配合，互相制约，充分保障犯罪嫌疑人、被告人的程序选择权。要坚持罪刑法定和罪责刑相适应原则，对符合有关规定条件的，一般应当就主刑、附加刑、是否适用缓刑等提出确定刑量刑建议。

【基本案情】

被告人：金某某，女，安徽省某医院原党委书记、院长。

2007年至2018年，被告人金某某在担任安徽省某医院党委书记、院长期间，利用职务上的便利，为请托人在承建工程项目、销售医疗设备、销售药品、支付货款、结算工程款、职务晋升等事项上提供帮助，非法收受他人财物共计人民币1161.1万元、4000欧元。

【检察工作情况】

（一）提前介入全面掌握案情，充分了解被调查人的认罪悔罪情况。安徽省检察机关在提前介入金某某案件过程中，通过对安徽省监察委员会调查的证据材料进行初步审查，认为金某某涉嫌受贿犯罪的基本事实清楚，基本证据确实充分。同时注意到，金某某到案后，不但如实交代了监察机关已经掌握的受贿170余万元的犯罪事实，还主动交代了监察机关尚未掌握的受贿980余万元的犯罪事实，真诚认罪悔罪，表示愿意接受处罚，并已积极退缴全部赃款。初步判定本案具备适用认罪认罚从宽制度条件。

（二）检察长直接承办，积极推动认罪认罚从宽制度适用。安徽省监察委员会调查终结后，于 2019 年 1 月 16 日以金某某涉嫌受贿罪移送安徽省人民检察院起诉，安徽省人民检察院于同月 29 日将案件交由淮北市人民检察院审查起诉，淮北市人民检察院检察长作为承办人办案。经全面审查认定，金某某受贿案数额特别巨大，在安徽省医疗卫生系统有重大影响，但其自愿如实供述自己的罪行，真诚悔罪，愿意接受处罚，全部退赃，符合刑事诉讼法规定的认罪认罚从宽制度适用条件，检察机关经慎重研究，依法决定适用认罪认罚从宽制度办理。

（三）严格依法确保认罪认罚的真实性、自愿性、合法性。一是及时告知权利。案件移送起诉后，淮北市人民检察院在第一次讯问时，告知金某某享有的诉讼权利和认罪认罚相关法律规定，加强释法说理，充分保障其程序选择权和认罪认罚的真实性、自愿性。二是充分听取意见。切实保障金某某辩护律师的阅卷权、会见权，就金某某涉嫌的犯罪事实、罪名及适用的法律规定，从轻处罚建议，认罪认罚后案件审理适用的程序等，充分听取金某某及其辩护律师的意见，记录在案并附卷。三是提出确定刑量刑建议。金某某虽然犯罪持续时间长、犯罪数额特别巨大，但其自监委调查阶段即自愿如实供述自己的罪行，尤其是主动交代了监察机关尚未掌握的大部分犯罪事实，具有法定从轻处罚的坦白情节；且真诚悔罪，认罪彻底稳定，全部退赃，自愿表示认罪认罚，应当在法定刑幅度内相应从宽，检察机关综合上述情况，提出确定刑量刑建议。四是签署具结书。金某某及其辩护律师同意检察机关量刑建议，并同意适用普通程序简化审理，在辩护律师见证下，金某某自愿签署了《认罪认罚具结书》。

2019 年 3 月 13 日，淮北市人民检察院以被告人金某某犯受贿罪，向淮北市中级人民法院提起公诉，建议判处金某某有期徒刑十年，并处罚金人民币 50 万元，并建议适用普通程序简化审理。2019 年 4 月 10 日，淮北市中级人民法院公开开庭，适用普通程序简化审理本案。经过庭审，认定起诉书指控被告人金某某犯受贿罪事实清楚、证据确实充分，采纳淮北市人民检察院提出的量刑建议并当庭宣判，金某某当庭表示服判不上诉。

【指导意义】

（一）对于犯罪嫌疑人自愿认罪认罚的职务犯罪案件，检察机关应当依法适用认罪认罚从宽制度办理。依据刑事诉讼法第十五条规定，认罪认罚从宽制度贯穿刑事诉讼全过程，没有适用罪名和可能判处刑罚的限定，所有刑事案件都可以适用。职务犯罪案件适用认罪认罚从宽制度，符合宽严相济刑事政策，有利于最大限度实现办理职务犯罪案件效果，有利于推进反腐败工作。职务犯罪案件的犯罪嫌疑人自愿如实供述自己的罪行，真诚悔罪，愿意接受处罚，检察机关应当依法适用认罪认罚从宽制度办理。

（二）适用认罪认罚从宽制度办理职务犯罪案件，检察机关应切实履行主导责任。检察机关通过提前介入监察机关办理职务犯罪案件工作，即可根据案件事实、证据、性质、情节、被调查人态度等基本情况，初步判定能否适用认罪认罚从宽制度。案件移送起诉后，人民检察院应当及时告知犯罪嫌疑人享有的诉讼权利和认罪认罚从宽制度相关法律规定，保障犯罪嫌疑人的程序选择权。犯罪嫌疑人自愿认罪认罚的，人民检察院应当就涉嫌的犯罪事实、罪名及适用的法律规定，从轻、减轻或者免除处罚等从宽处罚的建议，认罪认罚后案件审理适用的程序及其他需要听取意见的情形，听取犯罪嫌疑人、辩护人或者值班律师的意见并记录在案，同时加强与监察机关、审判机关的沟通，听取意见。

（三）依法提出量刑建议，提升职务犯罪案件适用认罪认罚从宽制度效果。检察机关办理认罪认罚职务犯罪案件，应当根据犯罪的事实、性质、情节和对社会的危害程度，结合法定、酌定的量刑情节，综合考虑认罪认罚的具体情况，依法决定是否从宽、如何从宽。对符合有关规定条件的，一般应当就主刑、附加刑、是否适用缓刑等提出确定刑量刑建议。对于减轻、免除处罚，应当于法有据；不具备减轻处罚情节的，应当在法定幅度以内提出从轻处罚的量刑建议。

【相关规定】

《中华人民共和国刑法》第六十七条第三款，第三百八十三条第一款第三项、第二款、第三款，第三百八十五条第一款，第三百八十六条

《中华人民共和国刑事诉讼法》第十五条，第一百七十三条，第一百七十四条第一款，第一百七十六条，第二百零一条

《最高人民法院、最高人民检察院关于办理职务犯罪案件认定自首、立功等量刑情节若干问题的意见》第三部分

张某受贿，郭某行贿、职务侵占、诈骗案

（检例第76号）

【关键词】

受贿罪　改变提前介入意见　案件管辖　追诉漏罪

【要旨】

检察机关提前介入应认真审查案件事实和证据，准确把握案件定性，依法提出提前介入意见。检察机关在审查起诉阶段仍应严格审查，提出审查起诉意见。审查起诉意见改变提前介入意见的，应及时与监察机关沟通。对于在审查起诉阶段发现漏罪，如该罪属于公安机关管辖，但犯罪事实清楚，证据确实充分，符合起诉条件的，检察机关在征得相关机关同意后，可以直接追加起诉。

【基本案情】

被告人：张某，男，北京市东城区某街道办事处环卫所原副所长。

被告人：郭某，女，北京某物业公司原客服部经理。

2014年11月，甲小区和乙小区被北京市东城区某街道办事处确定为环卫项目示范推广单位。按照规定，两小区应选聘19名指导员从事宣传、指导、监督、服务等工作，政府部门按每名指导员每月600元标准予以补贴。上述两小区由北京某物业公司负责物业管理，两小区19名指导员补贴款由该物业公司负责领取发放。2014年11月至2017年3月，郭某在担任该物业公司客服部

经理期间，将代表物业公司领取的指导员补贴款共计人民币 33. 06 万元据为己有。郭某从物业公司离职后，仍以物业公司客服部经理名义，于 2017 年 6 月、9 月，冒领指导员补贴款共计人民币 6. 84 万元据为己有。2014 年 11 月至 2017 年 9 月期间，张某接受郭某请托，利用担任某街道办事处环卫所职员、副所长的职务便利，不严格监督检查上述补贴款发放，非法收受郭某给予的人民币 8. 85 万元。2018 年 1 月，张某担心事情败露，与郭某共同筹集人民币 35 万元退还给物业公司。2018 年 2 月 28 日，张某、郭某自行到北京市东城区监察委员会接受调查，并如实供述全部犯罪事实。

【检察工作情况】

（一）提前介入准确分析案件定性，就法律适用及证据完善提出意见。调查阶段，东城区监委对张某、郭某构成贪污罪共犯还是行受贿犯罪存在意见分歧，书面商请东城区人民检察院提前介入。主张认定二人构成贪污罪共犯的主要理由：一是犯罪对象上，郭某侵占并送给张某的资金性质为国家财政拨款，系公款；二是主观认识上，二人对截留的补贴款系公款的性质明知，并对截留补贴款达成一定共识；三是客观行为上，二人系共同截留补贴款进行分配。

检察机关分析在案证据后认为，应认定二人构成行受贿犯罪，主要理由：一是主观上没有共同贪污故意。二人从未就补贴款的处理使用有过明确沟通，郭某给张某送钱，就是为了让张某放松监管，张某怠于履行监管职责，就是因为收受了郭某所送贿赂，而非自己要占有补贴款。二是客观上没有共同贪污行为。张某收受郭某给予的钱款后怠于履行监管职责，正是利用职务之便为郭某谋取利益的行为，但对于郭某侵占补贴款，在案证据不能证实张某主观上有明确认识，郭某也从未想过与张某共同瓜分补贴款。三是款项性质对受贿罪认定没有影响。由于二人缺乏共同贪占补贴款的故意和行为，不应构成贪污罪共犯，而应分别构成行贿罪和受贿罪，并应针对主客观方面再补强相关证据。检察机关将法律适用和补充完善证据的意见书面反馈给东城区监委。东城区监委采纳了检察机关的提前介入意见，补充证据后，以张某涉嫌受贿罪、郭某涉嫌行贿罪，于 2018 年 11 月 12 日将两案移送起诉。

（二）审查起诉阶段不囿于提前介入意见，依法全面审查证据，及时发现漏罪。案件移送起诉后，检察机关全面严格审查在案证据，认为郭某领取和侵吞补贴款的行为分为两个阶段：第一阶段，郭某作为上述物业公司客服部经理，利用领取补贴款的职务便利，领取并将补贴款非法占为己有，其行为构成职务侵占罪；第二阶段，郭某从物业公司客服部经理岗位离职后，仍冒用客服部经理的身份领取补贴款并非法占为己有，其行为构成诈骗罪。

（三）提起公诉直接追加指控罪名，法院判决予以确认。检察机关在对郭某行贿案审查起诉时发现，郭某侵吞补贴款的行为构成职务侵占罪和诈骗罪，且犯罪事实清楚，证据确实充分，已符合起诉条件。经与相关机关沟通后，检察机关在起诉时追加认定郭某构成职务侵占罪、诈骗罪。

2018 年 12 月 28 日，北京市东城区人民检察院对张某以受贿罪提起公诉；对郭某以行贿罪、职务侵占罪、诈骗罪提起公诉。2019 年 1 月 17 日，北京市东城区人民法院作出一审判决，以受贿罪判处张某有期徒刑八个月，缓刑一年，并处罚金人民币 10 万元；以行贿罪、职务侵占罪、诈骗罪判处郭某有期徒刑二年，缓刑三年，并处罚金人民币 11000 元。

【指导意义】

（一）检察机关依法全面审查监察机关移送起诉案件，审查起诉意见与提前介入意见不一致的，应当及时与监察机关沟通。检察机关提前介入监察机关办理的职务犯罪案件时，已对证据收集、事实认定、案件定性、法律适用等提出意见。案件进入审查起诉阶段后，检察机关仍应依法全面审查，可以改变提前介入意见。审查起诉意见改变提前介入意见的，检察机关应当及时与监察机关沟通。

（二）对于监察机关在调查其管辖犯罪时已经查明，但属于公安机关管辖的犯罪，检察机关可以依法追加起诉。对于监察机关移送起诉的案件，检察机关在审查起诉阶段发现漏罪，如该罪属于公安机关管辖，但犯罪事实清楚，证据确实充分，符合起诉条件的，经征求监察机关、公安机关意见后，没有不同意见的，可以直接追加起诉；提出不同意见，或者事实不清、证据不足的，应当将案件退回监察机关并说明理由，建议其移送有管辖权的机关办理，必要时可以自行补充侦查。

（三）根据主客观相统一原则，准确区分受贿罪和贪污罪。对于国家工作人员收受贿赂后故意不履行监管职责，使非国家工作人员非法占有财物的，如该财物又涉及公款，应根据主客观相统一原则，准确认定案件性质。一要看主观上是否对侵吞公款进行过共谋，二要看客观上是否共同实施侵吞公款行为。如果具有共同侵占公款故意，且共同实施了侵占公款行为，应认定为贪污罪共犯；如果国家工作人员主观上没有侵占公款故意，只是收受贿赂后放弃职守，客观上使非国家工作人员任意处理其经手的钱款成为可能，应认定为为他人谋取利益，国家工作人员构成受贿罪，非国家工作人员构成行贿罪。如果国家工作人员行为同时构成玩忽职守罪的，以受贿罪和玩忽职守罪数罪并罚。

【相关规定】

《中华人民共和国刑法》第六十七条第一款，第二百六十六条，第二百七十一条第一款，第三百八十三条第一款第一项，第三百八十五条第一款，第三百八十六条，第三百八十九条第一款，第三百九十条

《最高人民法院、最高人民检察院关于办理贪污贿赂刑事案件适用法律若干问题的解释》第一条第一款，第七条第一款，第十一条第一款，第十九条

《最高人民法院、最高人民检察院关于办理诈骗刑事案件具体应用法律的若干问题的解释》第一条，第三条

最高人民检察院

发布第二十一批指导性案例

（2020年7月28日）

2020年7月28日上午，最高人民检察院召开以“加强民事检察监督 精准服务民企发展”为主题的新闻发布会，发布最高人民检察院第二十一批指导性案例。

深圳市丙投资企业（有限合伙）被诉股东损害赔偿责任纠纷抗诉案

（检例第77号）

【关键词】

企业资产重整　保护股东个人合法财产　优化营商环境　抗诉监督

【要旨】

公司股东应以出资额为限，对公司承担有限责任。股东未滥用公司法人独立地位逃避债务并严重损害公司债权人利益的，不应对公司债务承担连带责任。检察机关应严格适用股东有限责任等产权制度，依法保护投资者的个人财产安全，让有恒产者有恒心。

【基本案情】

2007年11月，惠州甲房产开发有限公司（以下简称甲公司）登记设立，为开发广东省惠州市某房产的房地产项目公司。甲公司多次对外借款。2010年1月，因甲公司无力清偿债务，广东省惠州市中级人民法院受理债权人对甲公司提出的破产申请。在惠州乙发展有限公司（以下简称乙公司）提供5000万元破产重整保证金后，相关债权人于2011年5月撤回破产清算申请。2011年8月，深圳市丙投资企业（有限合伙）（以下简称丙企业）与甲公司、惠州市丁房产开发有限公司（以下简称丁公司）、陈某军、乙公司签订《投资合作协议》及补充协议，约定丙企业以2000万元受让丁公司持有的甲公司100%股权，并向甲公司提供1.48亿元委托贷款，甲公司以案涉国有土地使用权等为丙企业的债权投资提供担保，丁公司、陈某军、乙公司亦提供连带责任担保。

2011年8月9日，甲公司的股东变更为丙企业和陈某军，其中丙企业占股东出资额的99.9%。2011年8月10日，丙企业委托中国建设银行股份有限公司某分行将其1.48亿元款项借给甲公司，用于甲公司某项目运作和甲公司运营，甲公司和丁公司依约提供抵押担保。同日，1.48亿元委托贷款和2000万元股权转让款转入甲公司。款项到位后，2011年8月至2012年4月期间，为完成破产重整程序中债务清偿及期间发生的借款、担保等相关衍生事宜，甲公司依照合同约定及乙公司、债权人陈某忠等人指令，先后向丁公司、深圳市戊公司、深圳市己公司等多家公司转账，款项共计1.605亿元。

2012年11月1日，诸某某将其持有的对甲公司债权中的800万元转让给赵某新，并通知债务人。2012年11月5日，赵某新向浙江省兰溪市人民法院起诉，要求甲公司归还欠款800万元，丙企业承担连带责任。

兰溪市人民法院一审认为，丙企业是甲公司的绝对控股股东，其滥用公司法人独立地位和股东有限责任，对甲公司进行不正当支配和控制，且未将贷款用于房地产开发，其转移资产、逃避债务的行为严重损害公司债权人利益，应当对甲公司的债务承担连带责任，遂判决甲公司归还赵某新800万元借款，丙企业承担连带责任。丙企业不服，上诉至浙江省金华市中级人民法院。二审判决驳回上诉，维持原判。丙企业申请再审，浙江省高级人民法院裁定驳回其再审申请。

【检察机关监督情况】

受理及审查情况。丙企业主张，甲公司对外转款均有特定用途，并非转移资产，丙企业并不存在滥用公司法人独立地位和股东有限责任的行为，不应承担连带责任，遂于 2016 年 2 月向浙江省金华市人民检察院申请监督。该院予以受理审查。

围绕丙企业是否存在滥用公司法人独立地位和股东有限责任逃避公司债务的问题，检察机关依法调阅原审案卷；核实相关工商登记信息，并对本案关键证人进行询问，相关证据可以证实甲公司于 2011 年 8 月至 2012 年 4 月期间的对外转款均具有正当事由，而非恶意转移资产，逃避债务。

监督意见。金华市人民检察院就本案向浙江省人民检察院提请抗诉。浙江省人民检察院经审查认为，丙企业并未支配控制甲公司的资金支出，在丙企业受让股权后，甲公司仍然由原股东丁公司派人进行管理，公司管理人员未发生变化；甲公司向丁公司等公司多次转款均具有明确用途，而非恶意转移资产；丙企业与甲公司、丁公司等企业之间不存在人员、业务、财务的交叉或混同。因此，终审判决认定丙企业利用法人独立地位和股东有限责任逃避债务，属于认定事实和适用法律错误。2016 年 11 月 25 日，浙江省人民检察院依法向浙江省高级人民法院提出抗诉。

监督结果。2018 年 1 月 31 日，浙江省高级人民法院作出（2017）浙民再 116 号民事判决，认定案涉委托贷款以及股权转让款的对外支付有合理解释，现有证据不足以证明丙企业有滥用公司法人独立地位和股东有限责任逃避债务的行为，判决撤销一、二审判决有关丙企业对案涉债务承担连带责任的判项，驳回赵某新对丙企业提出的诉讼请求。

【指导意义】

（一）严格适用公司有限责任制度，依法保护股东的个人财产安全。公司人格独立和股东有限责任是公司法的基本原则。否认公司独立人格，由滥用公司法人独立地位和股东有限责任的股东对公司债务承担连带责任，是股东有限责任的例外。在具体案件中应依据特定的法律事实和法律关系，综合判断和审慎适用，依法区分股东与公司的各自财产与债务，维护市场主体的独立性和正常的经济秩序。

（二）检察机关在审查股东损害公司债权人利益的案件时，应当严格区分企业正当融资担保与恶意转移公司资产逃避债务损害公司债权人利益违法行为的界限。如果公司股东没有利用经营权恶意转移公司资产谋一己之私，没有损害公司债权人利益的，依法不应当对公司债务承担连带偿还责任。

（三）检察机关应积极发挥监督职责，推动法治化营商环境建设。公司有限责任是具有标志性的现代企业法律制度，旨在科学化解市场风险，鼓励投资创造财富。产权是市场经济的基础、社会文明的基石和社会向前发展的动力，投资者无法回避市场风险，但需要筑牢企业家个人和家庭与企业之间的财产风险“防火墙”，对于依法出资和合法经营的，即使企业关闭停产，也能守住股东个人和家庭的合法财产底线，真正让有恒产者有恒心，优化营商环境，保护企业家的投资创业热情，为完善市场秩序提供法治保障。

【相关规定】

《中华人民共和国公司法》第二十条

《中华人民共和国民事诉讼法》第二百条、第二百零八条

某牧业公司被错列失信被执行人名单执行监督案

（检例第 78 号）

【关键词】

企业借贷纠纷　失信被执行人　妨碍企业正常经营　执行违法监督

【要旨】

查封、扣押、冻结的财产足以清偿生效法律文书确定的债务的，执行法院

不应将被执行人纳入失信被执行人名单。执行法院违法将被执行人纳入失信被执行人名单的，检察机关应当及时发出检察建议，监督法院纠正对被执行人违法采取的信用惩戒措施，以维护企业的正常经营秩序，优化营商环境。

【基本案情】

张某奎系山西省临汾市某牧业有限公司（以下简称某牧业公司）法定代表人。乔某与某牧业公司、张某奎因民间借贷产生纠纷。2016 年 9 月 16 日，山西省临汾市尧都区人民法院判决张某奎、某牧业公司归还乔某借款本金 18 万元及利息 6.14 万元，自 2016 年 2 月 1 日起至判决生效之日止，按约定月息 2 分的利率承担该借款利息。

判决生效后，乔某向尧都区人民法院申请强制执行。尧都区人民法院作出执行裁定，冻结被执行人张某奎、某牧业公司银行存款 281280 元，查封张某奎名下房产一套，同时还决定将某牧业公司、张某奎纳入失信被执行人名单。该查封裁定作出后，执行法院未送达当事人。

【检察机关监督情况】

受理情况。山西省临汾市尧都区人民检察院发现乔某与某牧业公司、张某奎民间借贷纠纷一案执行行为违法，并予以立案审查。

审查核实。经审查执行案卷，检察机关发现：一是被执行人被法院冻结、查封的财产足以清偿生效法律文书确定的债务，不符合纳入失信被执行人名单的法定情形；二是法院作出的查封裁定书未向当事人送达。同时，检察机关了解到，某牧业公司被纳入失信被执行人名单后，银行贷款被暂停发放，经营陷入困境。

监督意见。尧都区人民检察院经审查认为，执行法院存在以下违法情形：一是将张某奎纳入失信被执行人名单属于适用法律错误。《最高人民法院关于公布失信被执行人名单信息的若干规定》第三条规定：“被采取查封、扣押、冻结等措施的财产足以清偿生效法律文书确定债务的，人民法院不得将被执行人纳入失信被执行人名单。”本案执行程序中，被执行人张某奎、某牧业公司被冻结的存款和被查封的房产足以清偿生效裁判确定的债务。因此，执行法院将其纳入失信被执行人名单，显属违法。二是未向当事人送达执行裁定书。《最高人民法院关于人民法院民事执行中查封、扣押、冻结财产的规定》第一条规定：“人民法院查封、扣押、冻结被执行人的动产、不动产及其他财产权，应当作出裁定，并送达被执行人和申请执行人。查封、扣押、冻结裁定书送达时发生法律效力。”本案中法院制作执行裁定书后，长期未向当事人送达，违反了上述规定。

监督结果。2017 年 11 月 28 日，尧都区人民检察院向尧都区人民法院提出检察建议，建议该院依法纠正违法执行行为。尧都区人民法院采纳了检察建议，于 2017 年 12 月 8 日将执行裁定书送达当事人，并撤销了将张某奎、某牧业公司纳入失信被执行人名单的决定。

【指导意义】

（一）规范适用失信被执行人名单制度，对于保证执行程序的公正性具有重要意义。失信被执行人名单制度以信用惩戒的方式约束被执行人，提高了执行活动的质量和效率，对于破解“执行难”起到了重要作用。在维护申请执行人利益的同时，执行的谦抑原则要求尽可能避免对被执行人合法权益造成损害。

（二）检察机关应积极履行监督职能，确保失信被执行人名单制度规范运行。失信被执行人名单制度的规范运行，对于建立诚实守信、依法履约的良好社会风气意义重大。但该项制度应当依法运用，否则将降低被执行人的社会信誉度，给其社会生活、商业经营等带来不便。执行法院查封、冻结的财产足以清偿债务的，将企业或其法定代表人纳入失信被执行人名单是不妥当的，检察机关应对违法执行行为予以监督，切实维护企业或个人合法权益。

（三）检察机关应加强对执行法律文书送达的监督，保障当事人的知情权和申辩权。执行法院在作出查封、扣押、冻结被执行人财产的裁定后，应当依法送达申请执行人和被执行人。执行法院未送达当事人，既损害了当事人的诉讼权利，亦损害了司法权威。检察机关在履行监督职责时应注意审查相关诉讼文书送达的合法性，对执行法院送达违法的行为及时提出检察建议，监督执行法院予以纠正，保障当事人行使诉讼权利。

【相关规定】

《人民检察院民事诉讼监督规则（试行）》第一百零二条

《最高人民法院关于人民法院民事执行中查封、扣押、冻结财产的规定》第一条

《最高人民法院关于公布失信被执行人名单信息的若干规定》第三条

南漳县丙房地产开发有限责任公司被明显超标的额查封执行监督案

（检例第 79 号）

【关键词】

诉讼保全　超标的额查封　依法保护企业资产安全　审判程序违法监督

【要旨】

查封、扣押、冻结被执行人财产应与生效法律文书确定的被执行人的债务相当，不得明显超出被执行人应当履行义务的范围。检察机关对于明显超标的额查封的违法行为，应提出检察建议，督促执行法院予以纠正，以保护民营企业产权，优化营商环境。

【基本案情】

2015 年 5 月 26 日，襄阳市甲小额贷款股份有限责任公司（以下简称甲小贷公司）、襄阳市乙工程总公司（以下简称乙公司）向湖北省襄阳市樊城区人民法院提起民事诉讼，请求判令南漳县丙房地产开发有限责任公司（以下简称丙公司）、南漳县丁建筑安装工程有限责任公司（以下简称丁公司）、洪某生偿还借款 5589 万元及利息，并申请对价值 6671 万元的房产进行保全。同日，樊城区人民法院立案受理并作出财产保全裁定，查封丙公司、丁公司及洪某生的房产共计 210 套。丙公司认为查封明显超出标的额，于 2015 年 6 月提出异议，但樊城区人民法院未书面回复。

2015年7月至2016年10月期间，樊城区人民法院对当事人双方的多起借款纠纷作出民事判决，判令丙公司、丁公司、洪某生偿还乙公司、甲小贷公司借款合计5536.2万元及利息约438万元。在本案执行阶段，丙公司向执行法院提出房产评估申请，经执行法院同意，由丙公司委托鉴定机构进行评估，评估结果为查封的房产市场价值为1.21亿元。丙公司提出执行异议，但樊城区人民法院审查后认定，丙公司提出的执行异议依据不充分，且未在法定期限内申请复议，故不予支持。由于丙公司已建成的210套商品房均被执行法院查封，无法正常销售，企业资金断流，经营陷入困境。

【检察机关监督情况】

受理情况。2016年12月27日，丙公司、丁公司以樊城区人民法院明显超标的额查封为由，向樊城区人民检察院申请监督。该院予以受理审查。

审查核实。樊城区人民检察院对案件线索依法进行调查核实。询问了申请人丙公司；前往樊城区人民法院查阅了审判与执行案卷，收集相关法律文书、价格鉴定报告与其他书证；实地前往被查封楼盘进行现场勘查。经审查核实发现，相关裁判文书确定的债务总额为5974万元，且甲小贷公司、乙公司申请查封的标的额仅为6671万元，而执行法院实际查封的房产价值为1.21亿元，存在明显超标的额查封的问题。

监督意见。樊城区人民检察院认为，樊城区人民法院查封的210套房产价值为1.21亿元，查封财产价值明显超出生效裁判文书确定的债务数额，违反民事诉讼法第二百四十二条规定及《最高人民法院关于人民法院民事执行中查封、扣押、冻结财产的规定》第二十一条规定，存在明显超标的额查封被执行人财产的违法行为。2017年3月20日，樊城区人民检察院向樊城区人民法院发出检察建议，建议对超标的额查封的违法行为予以纠正。

监督结果。收到检察建议书后，樊城区人民法院认定本案确系超标的额查封，于2017年4月17日发出协助执行通知书，通知某县住房保障管理局解除对被执行人先期查封的210套商品房中109套的查封。解封后，丙公司得以顺利出售商品房，回收售楼款，改善资金困境，并及时发放拖欠的农民工工资，积极协商偿还本案剩余债务。

【指导意义】

（一）纠正明显超标的额的违法查封行为，消除对涉案企业正常生产经营的不利影响。执行程序的适度原则要求对执行措施限制在合理的范围内，执行目的与执行手段之间的基本平衡。纠正明显超标的额的违法查封行为，对于盘活企业资产，激发企业活力，特别是保障民营企业的可持续发展十分重要。

（二）办理明显超标的额查封的民事监督案件，应当围绕保全范围和标的物价值进行审查。查封、扣押、冻结等强制执行措施的违法使用，将限制企业生产要素的自由流动，降低市场主体创造社会财富的活力。因此，在认定是否明显超标的额查封时，不仅需要查明主债权、利息、违约金及为实现债权而支出的合理费用，还要结合查封财产是否为可分物、财产上是否设定其他影响债权实现的权利负担等因素予以综合考虑。做到监督有据，准确有效。

（三）诉讼保全措施延续到执行程序后，检察机关应按执行监督程序进行审查。诉讼保全发生于裁判生效前的审判活动，目的是保障生效裁判的履行。裁判生效后即转入强制执行程序。对于明显超标的额查封的财产，应依法提出执行检察建议，监督执行法院纠正错误执行行为。

【相关规定】

《中华人民共和国民事诉讼法》第二百四十二条

《最高人民法院关于人民法院民事执行中查封、扣押、冻结财产的规定》第二十一条

《人民检察院民事诉讼监督规则（试行）》第一百零二条

福建甲光电公司、福建乙科技公司与福建丁物业公司物业服务合同纠纷和解案

（检例第 80 号）

【关键词】

企业债务纠纷　不影响审判违法监督　多元化解机制　检察调处

【要旨】

检察机关办理民事监督案件，在不影响审判违法监督的前提下，可以引导当事人和解，但必须尊重当事人意愿，遵循意思自治与合法原则，在查清事实、厘清责任的基础上，依法促成和解，减轻当事人诉累，营造良好营商环境。

【基本案情】

福州软件园兴建于 1999 年 3 月，是福建省迄今为止规模最大的软件产业园区。2007 年，福建甲光电有限公司（以下简称甲公司）、福建乙科技有限公司（以下简称乙公司）等进驻软件园，购买园区土地建设自有研发楼。为提升园区服务质量，2011 年 1 月 28 日，福州丙开发有限公司（以下简称丙公司）通过招投标方式确定福建丁物业有限公司（以下简称丁公司）作为物业服务中标单位，中标价为 1. 3 元/平方米/月。2011 年 3 月 28 日，丙公司与丁公司签订物业服务合同。甲公司、乙公司等多家公司认为，其自建园区相对独立封闭，未得到物业服务，且自身未与物业公司签订物业服务合同，因此拒绝交纳物业费，引发纠纷。丁公司于 2013 年 10 月向福建省福州市鼓楼区人民法院起诉，请求甲公司、乙公司支付拖欠的物业服务费及违约金。

鼓楼区人民法院一审认为，签订物业服务合同的一方须为物业的建设单位，甲公司的办公楼系其自建，故丙公司签订的物业服务合同对甲公司、乙公司无约束力，但丁公司对园区的道路、绿化等配套设施进行日常维护管养，甲

公司、乙公司享受了基础设施服务，故应当支付物业费，酌定物业服务费标准为合同标准的 30%，即 0.39 元/平方米/月。丁公司不服，上诉至福建省福州市中级人民法院。二审判决驳回上诉，维持原判。

丁公司向福建省高级人民法院申请再审。再审法院认为，丙公司是园区公共区域的建设单位，其依法选聘物业服务企业并签订物业服务合同，对园区内公司具有相应约束力，改判甲公司、乙公司按照 1.3 元/平方米/月的标准交纳物业服务费。

【检察机关监督情况】

受理情况。甲公司、乙公司等民营企业认为其自建园区未享受物业服务，且丙公司无权代表业主签订物业服务合同，遂于 2018 年 11 月向福建省人民检察院申请监督。该院予以受理审查。

调查核实。为查清事实，检察机关走访福州市某管理委员会和丙公司，并实地查看甲公司、乙公司等多家民营企业的自建园区，调阅三次审理的审判案卷，全面掌握案件事实和争议症结。同时，在调查走访中也了解到，再审败诉对甲公司、乙公司等民营企业的营商环境产生一定影响，特别是与物业公司发生的长期纠纷也影响了企业的正常经营。

和解过程及结果。福建省人民检察院经研究认为，由于丁公司仅对甲公司等自有园区以外的公共区域提供物业服务，仍按照合同标准确定物业服务费，有违公平合理原则。为此，检察机关多次约谈物业公司和相关科技公司的法定代表人及诉讼代理人，认真听取并分析双方意见，解释法律规定，各方一致认为此案的最佳处理方式是和解结案。在检察机关引导下，双方自愿达成和解协议，丁公司同意甲公司、乙公司按照 0.85 元/平方米/月的标准交纳物业服务费，对之前六年的物业服务费一并结算，即时履行完毕，并将和解协议送交执行法院，执行法院终结本案执行。2019 年 8 月，福建省人民检察院作出终结审查决定。

【指导意义】

（一）坚持和发展新时代“枫桥经验”，构建和谐营商环境。各级人民检察院办理民事监督案件，应当积极践行“枫桥经验”，在不影响审判违法监督、不损害国家利益、社会公共利益及他人合法权益的前提下，可以引导当事人自愿达成和解协议。由于民事监督案件涉及的法律关系已经为生效裁判确认，人民检察院应当把握和解的适用条件，避免损害裁判的既判力。如果生效裁判并无不当，人民检察院应当释法说理，说服申请人息诉罢访；如果人民法院的生效裁判违反法律相关规定，同级人民检察院在尊重当事人意愿的前提下可以引导当事人和解，节约司法资源、化解矛盾纠纷，真正实现“双赢、共赢、多赢”。

（二）检察机关引导当事人达成和解协议的，应当加强与法院执行程序的衔接。人民检察院办理民事监督案件，引导达成和解的，要注意与人民法院执行程序的衔接。当事人达成和解协议后，检察机关应当告知当事人向执行法院递交和解协议，必要时检察机关也可以主动告知执行法院相关和解情况，由执行法院按照执行和解的法律规定办理，以实现案结事了。

【相关规定】

《中华人民共和国民事诉讼法》第七条、第二百条、第二百零八条

《人民检察院民事诉讼监督规则（试行）》第五十五条、第六十六条、第七十五条第一款第（二）项

司法实务问题研究

关于妨害新冠肺炎疫情防控犯罪若干法律适用问题的分析

高景峰　卢宇蓉*

新冠肺炎疫情发生以来，为依法惩治妨害疫情防控有关犯罪，最高人民检察院会同最高人民法院、公安部、司法部出台了《关于依法惩治妨害新型冠状病毒感染肺炎疫情防控违法犯罪的意见》（以下简称《两高两部意见》），会同最高人民法院、公安部、司法部、海关总署出台了《关于进一步加强国境卫生检疫工作 依法惩治妨害国境卫生检疫违法犯罪的意见》（以下简称《五部门意见》）等规定。笔者结合上述规定，针对司法办案中遇到的有关法律问题进行探讨，以期对理论和实务有所裨益。

一、妨害传染病防治罪的适用

根据刑法第三百三十条规定，单位或者个人违反传染病防治法的有关规定，具有拒绝执行卫生防疫机构依照传染病防治法提出的防控措施等四类情形之一，引起甲类传染病传播或者有传播严重危险的，构成妨害传染病防治罪。该条规定是刑法保障传染病防治法实施的主要罪名之一。《两高两部意见》明

* 作者单位：最高人民检察院法律政策研究室。

确规定："其他拒绝执行卫生防疫机构依照传染病防治法提出的防控措施，引起新型冠状病毒传播或者有传播严重危险的，依照刑法第三百三十条的规定，以妨害传染病防治罪定罪处罚。"笔者认为，这一规定具有重要的现实意义。实践中，对于妨害传染病防治罪的理解和适用，需要重点了解有关立法背景，准确把握法律政策尺度，严格罪与非罪的界限，厘清本罪与有关危害公共安全犯罪的关系。

（一）依法适用妨害传染病防治罪具有重要现实意义

疫情发生初期，从社会大众、一线办案人员到最高司法机关，对隐瞒旅行史和接触史、违反隔离措施造成病毒传播或者有传播风险的行为如何定性，都存在不同认识。受疫情严峻形势影响，多数意见主张对这类行为应当按照"以危险方法危害公共安全罪"从重惩处，有观点还提出"最高可以判处死刑"，只有少数意见认为应当区分情况，依法适用妨害传染病防治罪和有关危害公共安全犯罪。《两高两部意见》研究过程中，对这个问题作了重点讨论。笔者认为，对有关行为如何定性，应当充分考虑疫情发生以来各地实际，设身处地考虑有关犯罪行为发生原因、经过，行为人主观恶性以及实际危害后果，综合评价其社会危害性。对有关妨害新冠肺炎疫情防控的犯罪一律以"以危险方法危害公共安全罪"认定，失之过重，对绝大部分的这类犯罪行为以"妨害传染病防治罪"定罪处罚，更符合法律规定和立法精神，既定性准确，也罚当其罪。

此次新冠肺炎疫情防控，相较2003年"非典"疫情防控而言，我国有关立法已作了相应修改完善，社会治理能力和法治化水平都有很大提高。2003年4月卫生部（现国家卫生健康委员会）有关规定虽然将"非典"列为法定传染病，但没有明确为甲类传染病或者采取甲类传染病的防控措施，而刑法规定构成妨害传染病防治罪要求"引起甲类传染病传播或者有传播严重危险"，导致当时适用妨害传染病防治罪存在一定障碍。因此，2003年5月《最高人民法院、最高人民检察院关于办理妨害预防、控制突发传染病疫情等灾害的刑事案件具体应用法律若干问题的解释》未规定妨害传染病防治罪的适用，而规定对有关拒绝接受检疫、强制隔离或者治疗等妨害传染病防治的行为，按照以危险方法危害公共安全罪或者过失以危险方法危害公共安全罪定罪处罚。“非典”疫情过后，2004 年 8 月，全国人大常委会修订了传染病防治法，该法第四条新增规定：“对乙类传染病中传染性非典型肺炎、炭疽中的肺炭疽和人感染高致病性禽流感，采取本法所称甲类传染病的预防、控制措施。其他乙类传染病和突发原因不明的传染病需要采取本法所称甲类传染病的预防、控制措施的，由国务院卫生行政部门及时报经国务院批准后予以公布、实施。”根据这一立法修改精神，2008 年 6 月，《最高人民检察院、公安部关于公安机关管辖的刑事案件立案追诉标准的规定（一）》第四十九条明确规定，单位或者个人违反传染病防治法的规定，引起甲类或者按照甲类管理的传染病传播或者有传播严重危险的，应当按照妨害传染病防治罪立案追诉。这次新冠肺炎疫情发生后，国家卫生健康委员会 2020 年第 1 号公告明确：经国务院批准，将新型冠状病毒感染的肺炎纳入乙类传染病，并采取甲类传染病的预防、控制措施。因此，根据立法精神和有关规定，《两高两部意见》对妨害传染病防治罪的适用作出专门规定。

（二）妨害传染病防治罪的司法适用

1. 关于“违反传染病防治法规定”等的司法认定。妨害传染病防治罪是法定犯，首先表现为违反传染病防治法规定的行为。实践中，如何认定“违反传染病防治法规定”和“卫生防疫机构依照传染病防治法提出的预防、控制措施”？例如，有的地方应急指挥部和地方政府依据突发事件应对法等规定发布的居家隔离 14 天通告，应当如何认定其性质？笔者认为，对于刑法第三百三十条妨害传染病防治罪中的“违反传染病防治法规定”，应作广义理解。刑法该条规定的“传染病防治法”，是一个关于传染病防控的法律体系，包括传染病防治法、突发事件应对法、国务院《突发公共卫生事件应急条例》（以下简称《条例》）等一系列与疫情防控有关的法律法规和国务院有关规定。传染病防治法明确了各级政府和有关部门为预防、控制和消除传染病可以采取的措施，这是传染病防治的主要法律依据之一。同时，突发事件应对法、《条例》和国务院《国家突发公共卫生事件应急预案》等法律法规和规范性文件明确了各级政府和有关部门为应对突发公共卫生事件可以采取的行政措施，也是突发传染病防控的重要法律依据和来源。因此，在办理妨害疫情防控案件时，上述法律法规和规范性文件的规定，均可作为认定妨害传染病防治罪中“违反传染病防治法规定”的依据。此外，对于地方政府和有关部门在疫情防控期间，依据上述法律法规和规范性文件出台的疫情预防、控制措施，如果法律依据充分、无明显不当的，一般均可以认定为刑法第三百三十条第一款第四项中规定的“卫生防疫机构依照传染病防治法提出的预防、控制措施”。

2. 关于“引起甲类传染病传播或者有传播严重危险”的司法认定。“引起甲类传染病传播或者有传播严重危险”，是构成妨害传染病防治罪的必要构成要件。有地方咨询，办理新冠肺炎疫情案件应如何认定“引起新冠肺炎传播或者有传播严重危险”。笔者认为，妨害传染病防治罪在客观方面既可以表现为实害犯，也可以表现为危险犯，即该罪危害社会的结果既可以表现为引起新型冠状病毒（以下简称新冠病毒）传播的实害后果，也可以表现为引起传播严重危险。“引起新冠病毒传播”，是指造成他人被确诊为新冠肺炎病人、病原携带者的情形；“引起新冠病毒传播严重危险”，是指虽未造成他人被确诊为新冠肺炎病人、病原携带者，但引发了传播的严重危险。对于此类情形，入罪应当限制在“严重”危险的情形，而且这种危险应当是现实、具体、明确的危险。办案中，可以结合个案情况具体分析，主要包括以下三个方面：一是从行为主体看，行为人是否系新冠肺炎确诊病人、病原携带者、疑似病人或其密切接触者，或者曾进出疫情高发地区，或者已出现新冠肺炎感染症状，或者属于其他高风险人群。二是从行为方式看，行为人是否实施了拒绝疫情防控措施的行为，如拒不执行隔离措施，瞒报谎报病情、旅行史、居住史、接触史、行踪轨迹，进入公共场所或者公共交通工具，密切与多人接触等。三是从行为危害后果看，根据案件具体情况，综合判断行为人造成的危害后果是否达到“引起甲类传染病传播或者有传播严重危险”的程度，如造成多人被确诊为新冠肺炎病人、疑似病人，或者造成较大范围人员被采取隔离治疗或隔离观察等有传播严重危险的情形。需要特别注意的是，实践中，基于妨害传染病防治罪主要是危害公共卫生的犯罪，对于行为人造成共同生活的家人之间传播、感染的，一般不作为犯罪处理。

3. 妨害传染病防治罪与以危险方法危害公共安全罪的关系。根据刑法规定，以危险方法危害公共安全罪是重罪，对尚未造成严重后果的，处三年以上十年以下有期徒刑；造成严重后果的，处十年以上有期徒刑、无期徒刑或者死刑。妨害传染病防治罪相对而言是轻罪，对引起甲类传染病传播或者有传播严重危险的，处三年以下有期徒刑；后果特别严重的，处三年以上七年以下有期徒刑。妨害传染病防治罪侵犯的犯罪客体，不仅表现为妨害社会管理秩序犯罪中的“危害公共卫生”，也可能表现为危害公共安全犯罪中的“公共卫生安全”。笔者认为，妨害传染病防治罪和以危险方法危害公共安全罪之间，不是非此即彼的关系。对拒绝执行疫情防控措施，引起新冠病毒传播或者有传播严重危险的行为，存在适用两罪的法条竞合，是一种交叉竞合关系。当适用存在法条竞合时，根据“特别法优于一般法”适用原则，以妨害传染病防治罪定罪处罚。对实施上述行为，但社会危害性明显超出妨害传染病防治罪的刑事责任评价范围的，则应当根据罪责刑相适应原则，按照以危险方法危害公共安全罪定罪处罚。从办案效果看，实践中，将大多数妨害新冠肺炎疫情防治的行为认定为妨害传染病防治罪，更能准确评价行为性质，体现教育、警示作用；对极少数严重危害公共安全的行为，依法适用以危险方法危害公共安全罪，可以更好地体现依法从严的政策要求，起到震慑犯罪的作用。这样区分两罪，既有利于体现罪名性质的不同层次和刑罚由轻到重的递进关系，也更加符合和体现罪责刑相适应的原则要求。

4. 妨害传染病防治罪与过失以危险方法危害公共安全罪的关系。从各地疫情初期办案情况看，对妨害疫情防控过失造成传染病传播的行为，有的地方以过失以危险方法危害公共安全罪立案，有的地方以妨害传染病防治罪立案，这说明实践中有不同认识。此次疫情防控工作相较2003年“非典”时期而言，有关立法已作修改完善，对拒绝执行卫生防疫机构等依照传染病防治法规定提出的预防、控制措施，过失造成新冠肺炎传播和严重传播危险的行为，可以适用刑法第三百三十条妨害传染病防治罪的规定。妨害传染病防治罪表现为危害公共卫生的同时，也表现为一种危害公共安全的行为，其与过失以危险方法危害公共安全罪，实际上属于法条竞合关系，两个罪名的法定刑也大体一致，按照“特别法优于一般法”的适用原则，应当适用妨害传染病防治罪。

二、以危险方法危害公共安全罪的适用

《两高两部意见》明确规定：“故意传播新型冠状病毒感染肺炎病原体，具有下列情形之一，危害公共安全的，依照刑法第一百一十四条、第一百一十五条第一款的规定，以以危险方法危害公共安全罪定罪处罚：1. 已经确诊的新型冠状病毒感染肺炎病人、病原携带者，拒绝隔离治疗或者隔离期未满擅自脱离隔离治疗，并进入公共场所或者公共交通工具的；2. 新型冠状病毒感染肺炎疑似病人拒绝隔离治疗或者隔离期未满擅自脱离隔离治疗，并进入公共场所或者公共交通工具，造成新型冠状病毒传播的。”笔者认为，司法办案中应重点注意以下几点。

（一）严格限定适用范围

以危险方法危害公共安全罪是一种严重犯罪，应当严格适用范围，依法审慎适用。实践中，对于《两高两部意见》明确规定的两种情形，即“已经确诊的新型冠状病毒感染肺炎病人、病原携带者，拒绝隔离治疗或者隔离期未满擅自脱离隔离治疗，并进入公共场所或者公共交通工具的；新型冠状病毒感染肺炎疑似病人拒绝隔离治疗或者隔离期未满擅自脱离隔离治疗，并进入公共场所或者公共交通工具，造成新型冠状病毒传播的”，依法应当适用以危险方法危害公共安全罪。此外，对于明知自身已经确诊为新冠肺炎病人或者疑似病人，出于报复社会等主观故意，恶意向不特定多数人传播病毒，后果严重、情节恶劣的，也应当以以危险方法危害公共安全罪追究。除上述几种情形外，对其他拒绝执行疫情防控措施，引起新冠病毒传播或者有传播严重危险的行为，应当依照刑法第三百三十条的规定，认定为妨害传染病防治罪。

（二）严格犯罪构成要件的审查

对有关传播新冠病毒的行为，能否认定以危险方法危害公共安全罪，关键看行为人主观上是否具有故意，客观上是否实施了危及公共安全的行为。根据刑法和《两高两部意见》规定，在办理妨害疫情防控措施犯罪案件适用以危险方法危害公共安全罪时，应当注意审查以下三个方面：一是主体上限于已确

诊的新冠肺炎病人、病原携带者，或者新冠肺炎疑似病人。二是行为人主观上具有传播新冠肺炎病原体的故意。三是客观上表现为拒绝隔离治疗或者隔离期未满擅自脱离隔离治疗，实施了进入公共场所或者公共交通工具的行为。其中，新冠肺炎疑似病人还要求造成新冠病毒传播的后果。

（三）关于“确诊病人”和“疑似病人”的认定

根据传染病防治法第七十八条的规定，传染病病人、疑似传染病病人，是指根据卫生部（现国家卫生健康委员会）《传染病防治法规定管理的传染病诊断标准》规定，符合传染病病人和疑似传染病病人诊断标准的人。目前，国家卫生健康委员会等部门已经印发《新型冠状病毒肺炎诊疗方案》，明确了确诊病例和疑似病例的诊断标准。实践中，对“已经确诊的新冠肺炎病人”和“新冠肺炎疑似病人”的认定，应当以医疗机构出具的诊断结论、检验报告等为依据。对于行为人虽然出现发热、干咳、乏力等某些新冠肺炎感染症状，但没有医疗机构出具相关诊断结论、检验报告的，不能认定为《两高两部意见》第一条规定的“已经确诊的新冠肺炎病人”“新冠肺炎疑似病人”。司法办案中，对于实施妨害疫情防控行为时尚未经医疗机构确诊为新冠肺炎病人或者疑似病人，但事后经诊断、检验，被确认系新冠肺炎病人或者疑似病人的，不应当适用《两高两部意见》关于确诊病人或者疑似病人故意传播新冠肺炎病原体，构成以危险方法危害公共安全罪的有关规定。

三、妨害国境卫生检疫罪的适用

《五部门意见》规定，自然人或者单位违反国境卫生检疫规定，实施妨害国境卫生检疫有关行为，引起鼠疫、霍乱、黄热病以及新冠肺炎等国务院确定和公布的其他检疫传染病传播或者有传播严重危险的，依照刑法第三百三十二条的规定，以妨害国境卫生检疫罪定罪处罚。当前，新冠肺炎疫情在境外呈现扩散态势，通过口岸向境内传播成为现实危险，依法严惩妨害国境卫生检疫犯罪，筑牢国境卫生检疫防线，是司法机关的一项重要任务。实践中，对于妨害国境卫生检疫罪的适用，需要注意以下几点。

（一）强调法律面前人人平等

由于妨害国境卫生检疫犯罪的案发地点特殊，涉案人员结构复杂，包括中国公民、外国公民或者无国籍人，涉及国际关系、国家形象，较为敏感。因此，必须强调法律面前人人平等，对任何人犯罪，在适用法律上一律平等，不允许有超越法律的特权。根据刑法规定，妨害国境卫生检疫罪的犯罪主体是一般主体，包括自然人和单位。无论是中国公民，还是外国公民，或者无国籍人，只要在出入我国国境的过程中实施了妨害国境卫生检疫的违法犯罪行为，都应当适用我国法律，适用统一的执法、司法标准。对于构成犯罪的，依法追究刑事责任。《五部门意见》明确，检疫传染病染疫人、染疫嫌疑人拒绝执行卫生检疫措施或者卫生处理措施，隐瞒疫情或者伪造情节的，属于妨害国境卫生检疫行为。检疫传染病染疫人或者染疫嫌疑人以外的其他主体，也可能实施妨害国境卫生检疫行为，如出入境交通工具上发现有检疫传染病染疫人或者染疫嫌疑人，交通工具负责人拒绝接受卫生检疫或者拒不接受卫生处理的。上述妨害国境卫生检疫行为，引起检疫传染病传播或者有传播严重危险的，构成妨害国境卫生检疫罪。

（二）妨害国境卫生检疫罪的司法认定

其一，准确把握犯罪主体范围。根据刑法规定，妨害国境卫生检疫罪的主体是一般主体，但是，由于该罪要求“引起检疫传染病传播或者有传播严重危险”，通常情况下，其犯罪主体多表现为检疫传染病染疫人、染疫嫌疑人等其他特定主体。根据国务院《国境卫生检疫法实施细则》的规定，检疫传染病“染疫人”是指正在患检疫传染病的人，或者经卫生检疫机关初步诊断，认为已经感染检疫传染病或者已经处于检疫传染病潜伏期的人。“染疫嫌疑人”是指接触过检疫传染病的感染环境，并且可能传播检疫传染病的人。其他特定主体是指检疫传染病染疫人、染疫嫌疑人以外，需要接受海关依照国境卫生检疫法等法律法规进行检疫的人员。司法适用中，应特别注意妨害国境卫生检疫罪中“引起检疫传染病传播或者有传播严重危险”的入罪要件，如果行为人有妨害国境卫生检疫的行为，但综合全案事实，认定其不可能引起新冠病毒传播或者有传播严重危险的，不符合妨害国境卫生检疫罪的入罪要件，可由行政机关给予行政处罚。如果触犯妨害公务等其他罪名的，可以按其他罪名处理。

其二，“引起新冠病毒传播”，是指造成他人被确诊为新冠肺炎病人、病原携带者的情形。传播的对象既可以是出入境交通工具的同乘人员，也可以是其他接触人员。以检疫传染病染疫人、染疫嫌疑人“引起新冠病毒传播”为例，实践中应注意结合案件具体情况，如检疫传染病染疫人、染疫嫌疑人与被感染者是否有密切接触，被感染者的感染时间是否在与检疫传染病染疫人、染疫嫌疑人接触之后，被感染者是否接触过其他新冠肺炎病人、病原携带者等因素，综合认定因果关系。如果综合案件证据情况，无法确定他人是被检疫传染病染疫人、染疫嫌疑人感染的，依法则不应认定属于“引起新冠病毒传播”的情形。

其三，“引起新冠病毒传播严重危险”，是指虽未造成他人被确诊为新冠肺炎病人、病原携带者，但引发了传播的严重危险。实践中，对于“传播严重危险”的判断，同样应当坚持综合考量原则。以检疫传染病染疫人、染疫嫌疑人“引起新冠病毒传播严重危险”为例，实践中需要重点审查行为人是否采取特定防护措施，被诊断为染疫嫌疑人的人数及范围，被采取就地诊验、留验和隔离措施的人数及范围等，作出妥当认定。

（三）厘清妨害传染病防治罪与妨害国境卫生检疫罪的关系

其一，刑法第三百三十条规定的妨害传染病防治罪，针对的是违反传染病防治法、突发事件应对法、《条例》等规定，拒绝执行卫生防疫机构依照传染病防治法提出的防控措施的行为，适用于在我国境内的卫生防控防治环节。刑法第三百三十二条规定的妨害国境卫生检疫罪，针对的是违反国境卫生检疫法及其实施细则等规定，拒绝执行国境卫生检疫机关依照国境卫生检疫法提出的检疫措施的行为，适用于在出入我国国境时的卫生防控防疫环节。

其二，妨害传染病防治罪中的“甲类传染病”，为甲类传染病或者按照甲类传染病管理的传染病；妨害国境卫生检疫罪中的“检疫传染病”为鼠疫、霍乱、黄热病以及国务院确定和公布的其他传染病。

其三，入境人员妨害新冠肺炎疫情防控的，可能在不同时间段分别涉嫌妨害传染病防治罪、妨害国境卫生检疫罪。例如，行为人在入境时拒绝执行国境卫生检疫机关的检疫措施，引起新冠病毒传播或者有传播严重危险的，构成妨害国境卫生检疫罪。行为人在我国领域内拒绝执行卫生防疫机构的防控措施，引起新冠病毒传播或者有传播严重危险的，构成妨害传染病防治罪。如果行为人既有拒绝执行国境卫生检疫机关检疫措施的行为，又有拒绝执行卫生防疫机构防控措施的行为，同时构成妨害传染病防治罪和妨害国境卫生检疫罪的，一般应当依照处罚较重的规定定罪处罚。

四、妨害公务罪的适用

《两高两部意见》规定，以暴力、威胁方法阻碍国家机关工作人员（含在依照法律、法规规定行使国家有关疫情防控行政管理职权的组织中从事公务的人员，在受国家机关委托代表国家机关行使疫情防控职权的组织中从事公务的人员，虽未列入国家机关人员编制但在国家机关中从事疫情防控公务的人员）依法履行为防控疫情而采取的防疫、检疫、强制隔离、隔离治疗等措施的，依照刑法第二百七十七条第一款、第三款的规定，以妨害公务罪定罪处罚。暴力袭击正在依法执行职务的人民警察的，以妨害公务罪定罪，从重处罚。实践中，有地方咨询得较多的，主要是对从事公务人员的范围和法律政策把握的尺度。例如，对于以暴力、威胁方法拒绝配合参与疫情防控的村民、物业保安等实施的检测、隔离等行为的，能否认定为妨害公务罪。

（一）对受委托从事公务人员的司法认定

刑法第二百七十七条规定，以暴力、威胁方法阻碍国家机关工作人员依法执行职务的，构成妨害公务罪。笔者认为，在办理妨害疫情防控的妨害公务犯罪案件时，重点应当把握两点：

一是准确把握妨害公务犯罪的对象。根据《全国人民代表大会常务委员会关于〈中华人民共和国刑法〉第九章渎职罪主体适用问题的解释》的规定，《两高两部意见》进一步明确了妨害疫情防控措施所涉及的妨害公务罪的对象范围，即除了国家机关工作人员外，还包括在依照法律、法规规定行使国家有关疫情防控行政管理职权的组织中从事公务的人员，在受国家机关委托代表国家机关行使疫情防控职权的组织中从事公务的人员，以及虽未列入国家机关人员编制、但在国家机关中从事疫情防控公务的人员等。因疫情具有突发性、广泛性，为了最大限度防控疫情，各级政府和有关部门需要组织动员居（村）委会、社区等组织落实防控职责，实施管控措施。对于上述组织中的人员，如果属于"在受国家机关委托代表国家机关行使疫情防控职权的组织中从事公务的人员"，可以成为妨害公务罪的对象。

二是准确把握公务行为的范围。对于依法从事疫情防控任务的人员，为防控疫情，按政府和有关职能部门统一要求采取与防疫、检疫、强制隔离、隔离治疗等措施密切相关的行动，均可认定为公务行为。对于不符合上述两个条件，被要求检测、隔离人以暴力、威胁方法阻碍疫情防控工作，不能认定妨害公务罪的，可以根据其行为性质和危害后果，按照故意伤害罪、寻衅滋事罪、侮辱罪等依法追究刑事责任。

（二）严格把握妨害公务罪与非罪的界限

妨害公务罪是一种轻罪。在疫情发生、政府采取严格防控措施的大背景下，实践中，对一些因心理恐慌、不理解而发生的有关案件，更需要多几分理解和宽容，严格罪与非罪的界限。其一，根据刑法规定，以暴力、威胁方法阻碍国家机关工作人员"依法执行职务"的，才构成妨害公务罪。实践中，极个别地方采取的疫情防控措施法律依据不足，措施本身不当，有关人员简单甚至过度执法的，不应当认定为是"依法执行职务"。对涉"合法性不足"或者"过度执法"的有关案件，不能以妨害公务罪追究。其二，应把群众中对政府部门一些疫情防控措施不理解，而出现的发牢骚、谩骂，与国家机关工作人员发生争吵、拉扯等行为，同妨害公务罪加以区别。其三，应把有正当理由的人，在要求有关部门解决问题时，因情绪激动而与国家机关工作人员发生冲突和言语顶撞的行为，与妨害公务罪加以区别。

五、生产、销售不符合标准的医用器材罪的适用

《两高两部意见》规定，在疫情防控期间，生产不符合保障人体健康的国家标准、行业标准的医用口罩、护目镜、防护服等医用器材，或者销售明知是

不符合标准的医用器材，足以严重危害人体健康的，依照刑法第一百四十五条的规定，以生产、销售不符合标准的医用器材罪定罪处罚。各地办案反映问题较多的是，有关口罩等疫情防护产品刑事案件的罪名适用和处理问题。

（一）适用生产、销售不符合标准的医用器材罪时，对于外科医用一次性口罩、酒精能否认定为“医用器材”

根据刑法第一百四十五条的规定，生产、销售不符合标准的医用器材罪的犯罪对象是医用器材，包括医疗器械和医用卫生材料。2001年根据国家行政主管部门的有关规定，医用卫生材料已被纳入《医疗器械分类目录》（以下简称《目录》）实行分类管理。据此，生产、销售不符合标准的医用器材罪规定的医疗器械和医用卫生材料，均属于“医疗器械”的范畴。2017年修订后的国务院《医疗器械监督管理条例》（以下简称《管理条例》）第七十六条规定，医疗器械是指直接或者间接用于人体的仪器、设备、器具、体外诊断试剂及校准物、材料以及其他类似或者相关的物品。对生产、销售不符合标准的医用器材罪的犯罪对象进行具体认定时，可以依据《目录》的规定进行认定。实践中常见的医用防护口罩、医用外科口罩、一次性使用医用口罩、防护服、防护眼镜等，均被列入医疗器械分类目录，属于“医疗器械”。对于没有列入医疗器械分类目录的其他种类口罩、酒精等物品，则不宜认定为“医疗器械”。

根据刑法和相关司法解释规定，对于个别防护用品是否系医用器材难以认定的，如果掺杂掺假、以假充真、以次充好或者以不合格产品冒充合格产品，销售金额5万元以上，或者货值金额15万元以上的，可以依照刑法第一百四十条的规定，以生产、销售伪劣产品罪定罪处罚；对于高价销售、牟取暴利，违法所得数额较大或者有其他严重情节，严重扰乱市场秩序的，也可以非法经营罪论处。

（二）认定生产、销售不符合标准的医用器材罪中的“国家标准、行业标准”，是否只包括强制性标准

生产、销售不符合标准的医用器材罪中的“国家标准、行业标准”，应当以有利于保障人体健康为出发点，刑法和相关司法解释并未将其限定为强制性国家标准、行业标准。根据刑法和2001年《最高人民法院、最高人民检察院关于办理生产、销售伪劣商品刑事案件具体应用法律若干问题的解释》《管理条例》、国家食品药品监督管理总局（现国家药品监督管理局）《医疗器械注册管理办法》等规定精神，对于没有国家标准、行业标准的，注册产品标准或者产品技术要求，可以视为行业标准。

（三）认定生产、销售不符合标准的医用器材罪时如何把握“足以严重危害人体健康”

“足以严重危害人体健康”是生产、销售不符合标准的医用器材罪的重要入罪条件。根据2003年《最高人民法院、最高人民检察院关于办理妨害预防、控制突发传染病疫情等灾害的刑事案件具体应用法律若干问题的解释》等规定，在办案中审查认定是否“足以严重危害人体健康”，应当从是否具有防护、救治功能，是否可能造成贻误诊治，是否可能造成人体严重损伤，是否可能对人体健康造成严重危害等方面，结合医疗器械的功能、使用方式和适用范围等，综合判断。需要注意的是，根据刑法和相关司法解释规定，对于生产、销售不符合标准的医用器材是否“足以严重危害人体健康”难以认定的，如果销售金额5万元以上，或者货值金额15万元以上的，可以依照刑法第一百四十条的规定以生产、销售伪劣产品罪定罪处罚。此外，如果同时构成侵犯知识产权犯罪的，依照处罚较重的规定定罪处罚。

六、编造、故意传播虚假信息罪的适用

《两高两部意见》规定，依法严惩造谣传谣犯罪。编造虚假的疫情信息，在信息网络或者其他媒体上传播，或者明知是虚假疫情信息，故意在信息网络或者其他媒体上传播，严重扰乱社会秩序的，依照刑法第二百九十一条之一第二款的规定，以编造、故意传播虚假信息罪定罪处罚。新冠肺炎疫情发生后，大众普遍存在恐慌心理，一些别有用心的不法分子唯恐天下不乱，故意编造、散布虚假信息，影响疫情防控和社会稳定，危害性极大。实践中，这类案件社会关注、敏感度高，尤其应严格罪与非罪的界限，注意办案效果。

办案中，有地方咨询，行为人传播涉疫情虚假信息后又自行删除的，能否构成故意传播虚假信息罪？对此，笔者认为，需要区分情况予以认定，关键应

把握两点：一是看行为人主观上是否有传播虚假信息的故意。对传播涉疫情虚假信息是否追究刑事责任，应查明行为人是否明知系疫情虚假信息而故意传播，应充分考虑传播者对有关信息内容的认知能力水平，以及传播该虚假信息的具体情形，不能仅以有关信息与客观现实有出入，就认定为故意传播虚假信息而作为犯罪处理。二是看行为造成社会危害性大小，是否达到严重扰乱社会秩序的程度。对故意传播涉疫情的虚假信息后又自行删除，是否构罪不能一概而论。应综合考虑虚假信息传播面大小、对社会秩序造成的实际影响等，不能简单以是否“自行删除”认定其可能造成的危害。有的信息很长时间无人转发，也没有人注意；有的敏感信息，被删除前几分钟可能就广泛传播，危害很大。行为人自行及时删除虚假信息，如果没有造成较大社会影响，达不到严重扰乱社会秩序程度的，依法不予刑事追究。

七、非法经营罪的适用

《两高两部意见》规定，依法严惩哄抬物价犯罪。在疫情防控期间，违反国家有关市场经营、价格管理等规定，囤积居奇，哄抬疫情防控急需的口罩、护目镜、防护服、消毒液等防护用品、药品或者其他涉及民生的物品价格，牟取暴利，违法所得数额较大或者有其他严重情节，严重扰乱市场秩序的，依照刑法第二百二十五条第四项的规定，以非法经营罪定罪处罚。在疫情防控期间，办理哄抬物价类非法经营犯罪案件时，应当注意从以下几个方面加以把握。

（一）“疫情防控期间”的认定

2020年1月20日，国家卫生健康委员会经国务院批准发布2020年第1号公告，将新冠肺炎纳入传染病防治法规定的乙类传染病，并采取甲类传染病的预防、控制措施。疫情起始时间以该公告为准，疫情结束的时间届时以国家有关部门宣布疫情结束为准。在疫情防控期间，哄抬物价行为具有较平时更为严重的社会危害性，主要表现在：一是扰乱疫情防控急需物资和基本民生用品的统筹秩序，影响联防联控部署；二是制造或加剧恐慌性需求，破坏社会秩序；三是推高防护成本，导致不特定人群特别是低收入群体防护不足。因此，根据罪责刑相适应原则，对于疫情防控期间的此类行为，应当依法从严惩处。

（二）“防护用品、药品或者其他涉及民生的物品”的范围

根据《两高两部意见》和《国家市场监督管理总局关于新型冠状病毒感染肺炎疫情防控期间查处哄抬价格违法行为的指导意见》（以下简称《指导意见》）的规定，防护用品、药品主要是指口罩、护目镜、防护服、消毒杀菌用品、抗病毒药品和相关医疗器械、器材等；民生物品主要是指人民群众维持基本生活所必需的粮油肉蛋菜奶等食品。需要注意的是，各地的防疫形势和市场供应情况不同，在价格敏感的物品上会有一定差别，各级政府和有关部门对防疫用品和民生物品范围作出具体规定的，可以结合本地具体情况作出认定。

（三）哄抬物价类非法经营犯罪行为的认定

根据国务院《价格违法行为行政处罚规定》第六条的规定，哄抬价格违法行为包括三种行为方式：一是捏造、散布涨价信息，扰乱市场价格秩序的；二是除生产自用外，超出正常的存储数量或者存储周期，大量囤积市场供应紧张、价格发生异常波动的商品，经价格主管部门告诫仍继续囤积的；三是利用其他手段哄抬价格，推动商品价格过快、过高上涨的。《指导意见》对如何认定查处上述哄抬价格违法行为作了具体规定。实践中，对于在疫情防控期间，经营者违反国家有关市场经营、价格管理等规定，在扣除生产经营成本和正常的利润后，大幅度提高产品价格对外销售的，应当认定为“哄抬物价、牟取暴利”。在“大幅提高”的具体判断上，应当参照上述规定，根据各地依法发布的价格干预措施，以及涉案物品的价格敏感程度、对疫情防控或基本民生秩序的影响等，综合考虑常情常理作出认定。

（四）囤积居奇、哄抬物价类非法经营案件的入罪标准

囤积居奇、哄抬物价类非法经营案件适用非法经营罪的入罪标准是“违法所得数额较大或者有其他严重情节”。由于实践中情况比较复杂，难以简单地以经营数额、获利数额等作出“一刀切”的量化规定，因此，对于是否达到入罪标准，仍然需要综合把握，即综合经营者经营成本变化、涨价幅度、经营数额、获利数额、社会影响等情况，同时考虑人民群众的公平正义观念，作出妥当判断。对于是否“牟取暴利”，既应考虑国家有关部门和地方政府关于

市场经营、价格管理等规定，又应坚持一般人的认知标准，确保认定结果符合人民群众的公平正义观念。对虽然超出有关价格管理规定，但涨价幅度不大、违法所得不多，对疫情防控没有重大影响、未造成严重后果的，不应当纳入刑事追究范畴，可以由有关部门予以行政处罚。相反，对于利用物资紧俏的“商机”，坐地起价，牟取暴利的，则应当依法追究刑事责任。例如，熔喷布被称为口罩的“心脏”，原来每吨两万元左右，一些不法商家趁机通过囤积居奇、转手倒卖等方式，层层加码，牟取暴利，有的竟然以高于进价或者成本价数倍甚至十几倍、几十倍的价格对外出售，最终把价格推高至每吨十几万元甚至数十万元的天价。对此，应当根据囤积、倒卖的数量、次数、加价比例和获利情况等，综合认定“违法所得数额”和“其他严重情节”。对这类行为扰乱市场秩序情节严重的，应当坚决依法惩治，且应从重处罚、以儆效尤。

需要指出的是，“法有限，情无穷”，实践中还会出现各种新情况新问题。司法办案中，应善于用法治思维和法治方式，依法战“疫”；充分考虑疫情的发生、发展阶段，体现宽严相济刑事政策，既应依法从严从快惩治妨害疫情防控的犯罪，也应防止片面追求管控效果、扩大打击面的重刑主义倾向。司法的魂在于“法治”，司法的艺术在于“法、理、情”的融合，要让人民群众在每一个司法案件中感受到公平正义。这既是习近平总书记在本次疫情防控期间反复强调的重要原则，也是中国特色社会主义法治优势转化为治理效能的实践要求。

（来源：《人民检察》2020 年第 8 期涉疫案例专刊）

新类型疑难案例选评

黄某勇滥用职权、受贿案

蔡　蕾*

【裁判要旨】

国家机关工作人员明知上级的决定或命令错误，却不加审查、不加指正、不加建议，仍贯彻执行的，非刑法意义上的阻却违法；因负有履职义务而不履行，或行为与其职责要求相背离，且与积极滥用职权之间存在事实上的对等性，则可以认定该国家机关工作人员故意采取消极不作为的态度放弃职守或不履行职责，该行为模式完全符合滥用职权行为的特征，构成滥用职权罪。

【案例索引】

一审：浙江省瑞安市人民法院（2017）浙0381刑初1441号（2018年10月16日）

二审：浙江省温州市中级人民法院（2018）浙03刑终1844号（2019年1月17日）

【案情】

公诉机关：浙江省瑞安市人民检察院。

* 作者单位：浙江省瑞安市人民法院。

被告人：黄某勇，男，1965 年 8 月 1 日出生，汉族，浙江省瑞安市人，原瑞安市农村工作办公室副主任科员，住浙江省瑞安市某小区。

浙江省瑞安市人民检察院指控被告人黄某勇构成滥用职权罪、受贿罪，向浙江省瑞安市人民法院提起公诉。

被告人黄某勇及其辩护人提出，被告人黄某勇不具有监督窨井盖质量和“二次检测”的职责，且是按照领导所作的决定开展工作，不合格窨井盖流入治污工程与其行为并不存在因果关系，另财政损失可以通过民事诉讼等方式挽回，故不构成滥用职权罪。

瑞安市人民法院经审理查明：2015 年 8 月份至 2016 年 5 月份，被告人黄某勇身为瑞安市农村生活污水治理工程质量巡查员，在负责工程质量巡查工作，履行对农村生活污水治理工程进行质量巡查监管的职责过程中，在原市治污办副主任林某明（已判）作出不对窨井盖进行“二次检测”的决定后，明知该决定违反相关规定，没有提出异议，并予以执行，放松了对窨井盖质量的二次检测监督，甚至在发现窨井盖有质量问题后及 2016 年 3 月份林某明被查处后，仍一直不履行督促镇街、监理、施工队对窨井盖进行“二次检测”的职责，致使不符合 C250 设计标准的 Φ700 型号窨井盖在 100 多个村的生活污水治理工程中被投入施工使用，造成严重的安全隐患，政府财政为这些不符合设计标准的 Φ700 型号窨井盖多支付货款 31 万余元及后期原供应商不能更换这些不符合要求窨井盖的更换费用。

另外，被告人黄某勇还利用职务的便利收受上述窨井盖供应商林某长等人的贿赂款（具体犯罪事实略）。

【审判】

浙江省瑞安市人民法院经审理认为，被告人黄某勇身为国家机关工作人员，滥用职权致使国家利益遭受重大损失，并利用职务上的便利非法收受他人财物，为他人谋取利益，数额较大，其行为均已触犯刑律，分别构成滥用职权罪和受贿罪。公诉机关指控的罪名成立。在滥用职权事实中，被告人黄某勇系从犯，且其渎职行为与分管领导违法决定有直接关联，犯罪情节轻微，依法免予刑事处罚；在受贿事实中，被告人黄某勇能自首，案发前已退出非法所得，予以从轻处罚并适用缓刑。依照刑法第三百九十七条第一款，第三百八十五条第一款，第三百八十六条，第三百八十三条第一款第（一）项、第三款，第二十七条，第六十七条第一款，第三十七条，第七十二条第一款和第三款之规定，判决：被告人黄某勇犯滥用职权罪，免予刑事处罚；犯受贿罪，判处拘役六个月，缓刑一年，并处罚金人民币10万元。

一审宣判后，被告人黄某勇不服，向浙江省温州市中级人民法院提起上诉，称其不构成滥用职权罪，请求二审对受贿罪改判免予刑事处罚。

浙江省温州市中级人民法院经审理认为，被告人黄某勇有关不构成滥用职权罪的上诉意见，与法不符，不予采纳；有关二审从轻改判受贿罪免刑的上诉意见，理由不足，不予支持。原判定罪准确，程序合法，量刑适当，应予维持。据此裁定：驳回上诉，维持原判。

［评析］

故意放弃职守或不履行职责的行为定性

本案争议焦点在于：第一，被告人黄某勇执行上级的错误决定或者命令是否归属于阻却违法事由；第二，被告人黄某勇故意不作为（包括放弃职守或不履行职责）的行为应如何定性。

一、罪与非罪之争：阻却违法事由及重大损失的认定

（一）执行上级的错误决定或者命令不必然归属阻却违法事由

如果某行为实现了滥用职权罪的构成要件，但不具备违法性的情况，那么是否可以认定为阻却违法？目前，司法实践中较为常见的阻却违法事由包括执行上级决定或命令的行为。对于如何评价执行上级错误决定或者命令的行为，有两种意见。一种意见认为，根据期待可能性的理论，由于我国历来存在

“上行下效”的传统理念，因而也存在上级对下级的错误决定或命令具有其拘束力的问题。如果下级能根据自己的判断来审查上级的决定或命令是否错误，认为错误就可以不服从、不执行的话，势必会在一定程度上破坏国家机关在组织上的统一性。另一种意见则认为，错误的决定或命令就不应该被服从，若服从该错误的决定或命令就应以犯罪论处。

我们认为，执行上级错误的决定或者命令不必然归属于阻却违法事由，仅在就该错误的决定或命令已向上级提出改正或撤销建议的情况下，则可归属于阻却违法事由。理由如下：

符合构成要件的行为之所以阻却违法，正如张明楷教授主张的，是因为行为保护了更为优越或至少是同等的法益，阻却违法事由的行为并不具有社会危害性。国家机关工作人员担任职务是为了服务公共利益，其作为履行专门职责的国家机关工作人员应熟知本人及所在单位的职责，在明知上级的决定或命令错误时，以其不具有期待可能性或违法认识性来直接阻却违法、阻却责任，是不恰当的，其不分是非曲直一律服从的行为具有社会危害性。当然，也要诚实面对现代行政法律关系中上、下级的关系，要明确一个合理的限度来阻却违法。

这个合理的限度在我国的公务员法中有所体现。根据我国公务员法的有关规定，公务员执行公务时，认为上级的决定或者命令有错误的，可以向上级提出改正或者撤销该决定或者命令的意见；上级不改变该决定或者命令，或者要求立即执行的，公务员应当执行该决定或者命令，执行的后果由上级负责，公务员不承担责任；但是，公务员执行明显违法的决定或者命令的，应当依法承担相应的责任。该条款虽不具体，但也较为明确地阐述了法令行为中上、下级的关系及责任承担问题，设定了下级具有相对限制的不服从制度。

具体到本案中，被告人黄某勇负有监管职责，其明知领导作出的对窨井盖不需要进行二次检测的决定是错误的、违反规定的，既不反对，也不反映，仍予以贯彻执行；后续有部分镇街干部向其反映窨井盖存在质量问题时，也没有及时采取措施，只是交代厂家注意窨井盖产品质量，并在履职期间还收受窨井盖供货商胡某良等人的贿赂。综合上述分析，被告人黄某勇执行上级林某明决定的行为并不归属于阻却违法事由。另外，被告人黄某勇没有正当履行职责，其渎职行为对危害结果的发生具有“原因力”，应认定不合格窨井盖流入治污工程与其渎职行为之间具有刑法意义上的因果关系。

（二）重大损失的认定

最高人民法院的司法解释、答复已对重大损失中的物质损失有明确的规定和标准，包括损失计算的时间节点、计算方式。其中，计算时间节点区分为两种情况：一是立案时损失已经固定下来，那么就以立案时实际造成的损失计算；二是立案时损失没有固定，还在延续，那么计算至提起公诉时止，而立案以后、判决宣告以前，行为人自行追回或通过单位等其他方式追回财产损失的，可以作为量刑情节予以考虑。

具体到本案中，被告人黄某勇的渎职行为使得政府财政多支付了31万多元的货款及支付后期原供应商不能更换不符合要求窨井盖的更换费用，该损失已计算至侦查机关的立案之时。至于辩护人提出财政损失可以通过民事诉讼等方式挽回的意见，并不影响对被告人黄某勇行为性质的认定。

二、此罪与彼罪之辩：故意放弃职守或不履行职责的行为定性

1997年刑法新增了滥用职权罪，该罪从玩忽职守罪中分离出来，但又与玩忽职守罪规定在同一条文中，相同的犯罪主体、犯罪结果及刑罚，在理论界引发了广泛的争论，实践中也存在不小的争议。所以，在认定本案构成刑事犯罪基础上，对于本案的具体定性仍存在较大争议。

一种意见认为，滥用职权罪应限定于作为的方式，以作为的方式超越职权，违反规定、处理其无权决定或处理的事情，或者不顾职责、不顾程序随心处理公务，而玩忽职守罪则主要以不作为的方式不履行职责或不认真履行职责，故被告人黄某勇的行为应构成玩忽职守罪；另一种意见则认为，滥用职权罪不应限定为作为犯，且玩忽职守罪的主观罪过应限于过失，故被告人黄某勇的行为应构成滥用职权罪。

（一）滥用职权罪、玩忽职守罪的区分关键

从我国的刑法规定来看，对于主观罪过的鉴定标准应视犯罪主体对自身行为及其危害社会的结果所抱的心理态度。虽然刑法条文中并没有明示滥用职权罪、玩忽职守罪的主观罪过形态，但主观罪过形态的认定是区分滥用职权罪和玩忽职守罪的关键。对于滥用职权的主观罪过，理论界主要有单一罪过说、复合罪过说及主要罪过说等观点。我们认为，滥用职权罪的主观罪过形态应为单一的故意，既包括直接故意，也包括间接故意，而玩忽职守罪更倾向于过失。理由如下：

1. 从滥用职权罪拆分的原因来看，原先的玩忽职守罪被解读为过失犯罪，对于故意滥用职权的行为难以囊括，对故意滥用职权行为的处置于法无据，且在实践中难以达成统一。1997年刑法修订时增加了滥用职权罪，虽然两罪规定在同一个条款中，但两罪的行为方式存有差异，对两罪分别认定为性质相反的主观罪过形态，并不存在法理上的障碍，同时也便于司法实践操作。

2. 从行为人的自身来看，行为人因其身份、工作内容、地位等，应明知自身的工作职责和权限范围，但仍违背职责行使职权的行为，足见其对滥用职权的行为是希望的、放任的；也正是基于职务行为的特殊性，行为人对而后产生的损害后果也应具有认识的可能性，其明知滥用职权的行为会侵犯国家机关的正常活动等法益仍为之。而玩忽职守罪侧重于行为人严重不负责任，不履行或不认真履行职责，其对国家机关的正常活动及公共利益的侵犯实际上是持否定态度的。

（二）滥用职权罪的实行行为包括不作为

实行行为通常可分为作为和不作为两种基本形态，其中，作为是滥用职权罪中常见的类型，对于不作为是否是滥用职权行为的形式，还存有争议。我们认为，滥用职权的实行行为包括不作为，理由如下：

1. 从“滥用”的词义理解来看，“滥用”包括胡乱地或不加节制地运用、利用，超越职权是对职权的滥用，应履行职责而不履行、放弃职守也同样是对职权的滥用。

2. 从我国滥用职权罪的立法沿革来看，刑法新增滥用职权罪就是要打击滥竽充数、消极怠工、放弃履行职责等这类行为，将“不作为”排除在滥用职权罪的实行行为形态外不符合立法原意。

3. 从国家机关的设置来看，常设的国家机关或因专项任务而抽调各单位人员组建的指挥部等，常具有某些法定的监督管理职责，这些职责会赋予相关国家机关工作人员一定的作为义务；对于这些正当的职务行为，行为人不论是作为，还是不作为，都有可能达到其犯罪的目的，且该职责应当被履行而未履行或被放弃，事实上与积极滥用职权之间存在对等性，那么该行为不论是作为，还是不作为，都具有等价的社会危害性。

综合上述分析，我们认为故意的不作为（包括放弃职守或不履行职责的行为）地违反规定处理公务的行为宜定性为滥用职权罪。

具体到本案中，被告人黄某勇身为瑞安市农村生活污水治理工程的质量巡查员，有巡查、监督整个污水治理工程治理的职责，包括对窨井盖在内的工程材料供应具有质量监管职责、巡查发现问题时通知整改、提议更换、考核评分等职责，但其并没有正当履行职责，反而是在明知某水泥厂的Φ700型号窨井盖第一次检测质量不合格的情况下，把窨井盖改送至非指定的检测单位检测，使其合格后以应急供货的名义投入使用，且未在投入使用前对将要投入使用的窨井盖进行二次检测，对于部分镇街干部反映的窨井盖质量问题，也仅是口头要求厂家注意质量。实际上，被告人黄某勇因负有监管职责，应积极履行职责，但其采用一种消极不作为的态度放弃职守或不履行职责，这显然与其职责要求是相背离的，也说明其实施上述消极不作为行为时的主观心态明显是故意的。由此可见，被告人黄某勇故意的不作为地违反规定处理公务的行为完全符合滥用职权行为的特征，构成滥用职权罪。

三、本案的量刑依据及刑事政策选择

在厘清罪与非罪、此罪与彼罪的基础上，对于被告人黄某勇滥用职权的行为在我国当前刑事政策下，该如何处断？我们认为，应结合现代行政法律关系中各行为人的行为特点，从罪责刑相适应的角度，综合考虑被告人的作用、同案人员的处断情况后，对被告人黄某勇犯滥用职权罪，免予刑事处罚；但其在受贿中伴有渎职行为，虽然犯罪金额不大，但也不属于情节轻微的情形，不宜免予刑事处罚，但可结合其有自首情节、能积极主动退赃、悔罪态度等方面，对其宣告缓刑。

《最新法律文件解读》丛书

稿　　约

《最新法律文件解读》是一套以为最新法律规范提供同步“解读”为主的系列丛书，分为刑事、民事、商事、行政与执行4个分册，按月出版。

本丛书以“解读”为重点，突出全、专、新、快、准等特点，通过对最新出台的法律、法规、司法解释、部门规章以及重要地方性法规进行同步动态解读，弥补了法律、法规、司法解释汇编类出版物没有同步阐释、解读内容的不足，为广大读者学习理解最新法律规范，正确贯彻执行法律文件，及时解决实践中的新情况、新问题，提供一个全方位、多层面的法律信息平台。

欢迎您向以下栏目赐稿：

【最新法律文件解读】主要是对最新颁行的法律文件进行解读，帮助司法和执法人员正确理解法律文件的立法背景、意义、重点内容、在适用中应注意的问题、与相关法律文件的衔接与互动关系等。

【司法实务问题研究】主要刊登对司法理论、实务及司法管理工作中的热点、疑难问题进行研究及评论的文章。

【新类型疑难案例选评】主要是对司法和行政执法实践中具有典型性和代表性的疑难案例，结合具体案情以及审理或处理结果进行简练精辟的点评，解析认识问题的方法、处理问题的法律依据和在个案中的具体适用。

【法学前沿与新视点】以摘要的形式刊登相关法学理论研究的最新动态及具有代表性和典型性的前沿问题，扩展法学研究的深度和广度。

【法律适用问题解答】主要针对司法和行政执法实践中面临的新问题、热点问题、疑难问题进行简要的解答，指出涉及的法律关系，明确法律适用依据。

稿件一经刊用即付稿酬，稿酬从优。

《刑事法律文件解读》　杨晓燕　邮箱：5184621@ qq. com

《民事法律文件解读》　丁丽娜　邮箱：dlnlaw@ 163. com

《商事法律文件解读》　路建华　邮箱：shangshijiedu@ 126. com

《行政与执行法律文件解读》　张　奎　邮箱：271717306@ qq. com

人民法院出版社

《最新法律文件解读》丛书编辑部